_____ 님께

사랑스러운 *Anne* 과 함께할 30일을

소중한 기억으로 만들어 보세요.

My Lovely Anne

영어를 읽는 ╳ 빨강 머리 앤
30일

해설

Liter Stella

한때 사랑했던 그 이야기로
영어, 다시 시작해 보세요.

어렸을 때 밖에서 정신없이 놀다가도 TV 앞으로 모이게 했던 친구들이 있습니다. '나만 저런 생각을 하는 게 아니구나' 두근거리게 했던 빨강머리 앤의 '앤 셜리', 지칠 때마다 보면서 힘을 얻었던 작은 아씨들의 '네 자매'들이었죠.

이렇게 전 세계 사람들을 매료시키는 작품들을 작가가 쓴 원문 그대로 읽어 보는 건 어떨까요? 우리가 애니메이션이나 우리말로 번역된 책에서는 한 번도 만나지 못한 작가의 의도와 감동 포인트들을 많이 만날 수 있습니다.

원서라 어렵다고 지레 겁먹을 필요는 없습니다.
첫째, 우리는 이미 이 이야기를 다 알고 있기 때문이죠. 주인공도 어릴 적 절친이고요. 게다가 공부 부담은 덜고, 감동을 고스란히 전달하기 위해서 '리터스텔라'가 영어 선생님이 아닌 도슨트가 되었습니다. 시대 상황, 문화, 캐릭터 설명 등 흥미로운 이야기들을 담아 영어보다는 문학에 집중할 수 있게 했습니다.

둘째, 원서의 부담을 줄이면서 작품을 그대로 읽을 수 있도록 전체 작품에서 중요한 30장면만 골라 담았습니다. 마치 드라마나 영화의 주요 장면만 모아 놓은 유튜브 영상처럼요. 장면과 장면 사이는 줄거리로 잘 요약했으니 흐름과 재미를 모두 놓치지 않을 거예요.

딱 30일만 매일 만나 볼까요.

목표는 오로지 '30일 동안 꾸준히'입니다. 영어 원문이 어렵다면 한글 해석을 먼저 봐도 되고, 단어를 미리 살펴봐도 좋습니다. 해설을 보고 영어 원문을 보면 더 편하고 풍부하게 이해할 수도 있을 거예요.

작품 속 인물들은 나에게 이렇게 하라 저렇게 하라 말하지 않습니다. 그저 작품 속에서 자신의 삶을 펼쳐 보일 뿐입니다. 읽다 보면 어느 순간 그들의 삶 속에 내가 깊이 들어가 있음을 발견하게 되고, 그 안에서 발견한 감동과 삶의 지혜는 읽어 본 사람들만이 맛볼 수 있는 달콤한 선물입니다.

퇴근 후 잠시 휴대폰을 내려놓고 작품 속 인물들과 온전히 만나는 시간을 가져 보세요.

2024년 봄,

리터스텔라

가장 좋았던 점은 스텔라 선생님과 한 문장, 한 문장 전체를 함께 읽어 가는 시간이었습니다. 그렇게 천천히 따라가다 보면 영어 공부를 한다는 생각이 전혀 들지 않는 신기한 체험을 하게 되죠. 제가 그랬습니다. 그렇게 강독을 듣고 혼자서 복습도 하며 읽는 시간이 늘어날수록 스스로 읽는 힘이 생기는 걸 경험하게 될 거예요. 꼼꼼하게 배경을 알려 주고 입체적으로 인물을 묘사하는 강의는 안 빠질 수가 없거든요.

조현아 님(그레이트코치)

이전에는 본 적 없던 스토리텔링 형식의 원서 강독. 스텔라 선생님의 작품 해석과 함께 원어로 쓰인 고전에 깊게 빠져 볼 수 있습니다. 원서를 읽는 독자이자 스토리텔러로서 이 책을 덮고 나면, 또 다른 작품을 연이어 읽고 싶어집니다. 영어책을 읽고 싶어하는 10대 내 아이에게 꼭 추천하고 싶은 책입니다!

옥매르 님

저의 오랜 갈증을 해소해 준 책! 저는 원서를 읽을 때 문장 하나하나를 곱씹으며 이해하고 읽는 것을 좋아합니다. 그래서 원서와 번역서를 함께 사서 비교하기도 합니다. 하지만 의역이 많아 문장을 하나씩 비교하기는 어려웠어요. 그런 저에게 리터스텔라 선생님의 영어 해설 강의는 제가 오랫동안 기다려 왔던 바로 그것이었죠. 저와 같이 원서를 처음부터 끝까지 씹어먹으시는 분들에게 강력하게 추천합니다. 정말 즐기며 봤습니다.

조연우 님

저는 빨강 머리 앤과 친하지 않았어요. 면식(?)만 있는 사이였죠. 그런데 이제 앤은 평생 갈 제 친구가 되었어요. 이 책으로 리터스텔라 선생님에게 다시 소개를 받고 나서 말이죠. 얼마나 든든한지요. 저는 이 책을 볼 때마다 앤과 영어로 대화를 나누는 것 같아요. 영어로 대화하는 건 힘들지 않냐고요? 전혀요. 지식이 부족해도 감정으로 알 수 있거든요. 당신도 이 책을 펴는 순간 이미 앤의 집에 들어가 있게 될 거예요.

이빛나라 님

'빨강 머리 앤' 작가가 살았던 캐나다 PEI에도 다녀올 정도로 앤을 정말 좋아합니다. 그곳에서 '빨강 머리 앤' 원서도 기념으로 샀죠. 하지만 첫 장을 펼치는 순간 영어에 압도되어서 책을 덮기를 반복했습니다. 그러다가 만난 이 책은 문법, 독해 해설은 치워 두고 스토리에 빠져들게 만드는 강력한 힘이 있습니다. 읽다 보면 갖고 있는 다른 원서도 얼마든지 읽을 수 있겠다는 자신감까지 줍니다. 이제 집 안에 먼지 쌓인 원서를 읽는 책으로 바꿀 수 있을 것 같아요.

조예인 님

Table of Contents

QR코드를 찍으면 원어민이 오늘 배울 원문을 정확하게 읽어 주고 리터스텔라 선생님이 영어 표현과 해석을 알려 줍니다. 이어지는 해설 부분과 주요 장면은 색으로 표시했습니다.

작품을 깊이 이해할 수 있도록 리터스텔라 선생님이 도슨트가 되어 해설을 해 줍니다. 시대 배경과 캐릭터 묘사, 복선과 상징적 의미를 집중해서 다루었습니다.

▷▷

30장면 사이에 이어지는 줄거리를 우리말로 요약하여 보여 줍니다. 이 부분만 챙겨 읽어도 작품의 흐름을 놓치지 않을 거예요.

레이첼 린드 부인이 놀라다

《빨강 머리 앤》의 첫 부분은 풍경 묘사로 시작됩니다.
그러면서 자연스럽게 린드 부인이라는 사람에 관해 얘기하고 있습니다.
어떤 사람인지 만나 볼까요?

레이첼 린드 부인은 에이번리 마을의 큰길이 작은 골짜기 안쪽으로 비탈져 내려가는 곳에 살았다. 가는 길가엔 오리나무와 후크시아 꽃나무가 늘어서 있고, 낡은 커스버트네 농가가 있는 숲에서부터 내려오는 개울이 집 앞을 가로질러 흐르고 있었다. 개울은 숲속 깊은 상류에서는 어두운 비밀을 간직한 물웅덩이와 폭포를 만들면서 복잡하게 뒤엉키고 세차게 흐르다가도, 린드 부인의 골짜기에 이르면 조용하고 얌전하게 흘렀다. 개울조차도 린드 부인의 집 앞에서는 체면을 차리고 예의를 지키는 것을 적절히 신경 쓰지 않을 수 없었다. 린드 부인은 창가에 앉아 개울이든 아이들이든 집 앞을 지나는 것은 놓치지 않고 눈여겨보는 사람이었다. 그러다가 조금이라도 이상하거나 평소와 다르다고 느끼면 도대체 무슨 연유에서 그러는지 캐낼 때까지 편안히 있지 못하는 사람이었는데, 개울도 아마 이런 린드 부인의 성격을 의식하면서 흐르는 모양이다.

에이번리에든 다른 동네에든 자기 일은 제쳐두고 남의 일에 시시

Mrs. Rachel Lynde Is Surprised

dip down 비탈져 내려가다 hollow 골짜기 fringe 둘레를 형성하다
alder 오리나무 lady's eardrop 후크시아 꽃나무 traverse 가로지르다
intricate 복잡한 ferret out ~을 캐내다 abundant 충분한

Mrs. Rachel Lynde lived just where the Avonlea main road dipped down into a little hollow, fringed with alders and ladies' eardrops and traversed by a brook that had its source away back in the woods of the old Cuthbert place; it was reputed to be an intricate, headlong brook in its earlier course through those woods, with dark secrets of pool and cascade; but by the time it reached Lynde's Hollow it was a quiet, well-conducted little stream, for not even a brook could run past Mrs. Rachel Lynde's door without due regard for decency and decorum; it probably was conscious that Mrs. Rachel was sitting at her window, keeping a sharp eye on everything that passed, from brooks and children up, and that if she noticed anything odd or out of place she would never rest until she had ferreted out the whys and wherefores thereof.

There are plenty of people in Avonlea and out of it, who

콜콜 참견하는 사람들이 있다. 하지만 레이첼 린드 부인은 자신의 일들도 잘 처리하면서 다른 사람들의 신경 쓰이는 일들도 처리해 줄 능력이 있는 사람이었다. 똑소리 나는 주부여서 늘 집안일을 흠잡을 곳 없이 했다. 주일학교 운영을 돕기 위한 재봉 봉사회를 이끌었고, 교회 봉사회와 해외 선교 지원단의 가장 든든한 후원자였다.

이 모든 일을 다 하면서도 부엌 창가에 한가롭게 앉아 몇 시간이고 무명실로 침대보를 떴는데,-에이번리에 사는 주부들은 침대보를 열여섯 장이나 만들었다며 경이로운 목소리로 말하곤 했다-그러면서도 골짜기를 가로지르며 붉은 언덕 위로 굽이져 가파르게 올라가는 큰길에서 눈을 떼지 않았다. 에이번리는 세인트로렌스 만 쪽으로 튀어나온 작은 삼각형 모양의 반도에 자리 잡고 있어서 양쪽이 바다였다. 그래서 마을에서 나가거나 들어오는 사람은 누구든지 그 언덕길을 지나야만 했는데, 그 때문에 어느 하나 놓치는 법이 없는 레이첼 린드 부인의 보이지 않는 감시망을 피할 길이 없었다.

can attend closely to their neighbor's business by dint of neglecting their own; but Mrs. Rachel Lynde was one of those creatures who can manage their own concerns and those of other folks into the bargain. She was a notable housewife; her work was always done and well done; she 'ran' the Sewing Circle, helped run the Sunday-school, and was the strongest prop of the Church Aid Society and Foreign Missions Auxiliary.

Yet with all this Mrs. Rachel found abundant time to sit for hours at her kitchen window, knitting 'cotton warp' quilts-she had knitted sixteen of them, as Avonlea housekeepers were wont to tell in awed voices-and keeping a sharp eye on the main road that crossed the hollow and wound up the steep red hill beyond. Since Avonlea occupied a little triangular peninsula jutting out into the Gulf of St. Lawrence with water on two sides of it, anybody who went out of it or into it had to pass over that hill road and so run the unseen gauntlet of Mrs. Rachel's all-seeing eye.

💬 '주근깨 빼빼 마른 빨강 머리 앤, 예쁘지는 않지만 사랑스러워.' 이 노래를 기억하시나요? 어린 시절에 즐겨 봤던 만화 속 Anne의 모습이 아직도 생생합니다. 지금도 많은 이들이 그 시절의 앤을 다시 만나고 싶은 기대감으로 《Anne of Green Gables(빨강 머리 앤)》책을 펼칩니다.

《빨강 머리 앤》의 첫 장면은 참 인상적이지요. 사람의 성격을 개울이 흐르는 모습에 빗대어서 표현하고 있는데, 유머러스하고 어쩐지 통쾌하기도 합니다. 그런데 영어 원문으로 마주하는 순간 '헉' 하고 맙니다. 단어가 무척이나 낯선 데다 문장도 길죠. '어렸을 적 보던 만화라서 너무 쉽게 선택했나?', '이렇게 문장이 어렵단 말이야? 다 읽을 수 있을까? 문법이 부족한가?', '역시 영어 원서는 아직 무리인가 봐…' 이런 생각들을 하게 될지도 모릅니다. 하지만 도입부의 묘사가 끝나면 쉬워지니 너무 걱정 마세요.

영어 원서를 읽을 때 우리를 조금 버겁게 하는 부분이 바로 '묘사' 부분입니다. 특히 풍경에 대한 묘사는 더더욱 어렵게 느껴집니다. 그 아름다운 장면들을 내 것으로 만드는 방법은 우리도 같이 머릿속에서 그림을 그려 보는 겁니다. 정말로 종이에 그림을 그려 봐도 좋습니다. 작가가 제공해 준 언어들로 말이죠. 묘사는 결국 '말로 그림을 그려 주는' 작업이기 때문입니다.

작가인 Lucy Maud Montgomery(루시 모드 몽고메리)는 작품 곳곳에서 아름다운 풍경을 펼쳐 보입니다. 작품의 배경이 된

곳은 캐나다 Prince Edward Island(프린스 에드워드 섬)의 작은 마을 Cavendish(캐번디시)인데요, 작가가 실제로 유년기를 보낸 곳이라고 합니다. 주된 배경 장소인 'Green Gables(초록 지붕 집)'는 몽고메리의 할아버지의 사촌이 살던 곳이라고 전해집니다. 1937년에 국립공원으로 지정된 후 몇 차례의 보수 공사를 거치면서 100여 년이 지난 지금도 잘 보존되고 있다고 합니다. 매년 전 세계에서 많은 사람이 Anne을 만나러 온다지요. 작품을 읽고 캐번디시에 간다면 마치 작품 속 인물들이 살아서 돌아다니는 듯한 느낌이 들겠죠? 상상만 해도 즐겁습니다.

작품의 첫 장면은 풍경 묘사로 시작됩니다. 아름다운 풍경을 따라서 작가는 Lynde 부인의 집 앞으로 우리를 이끕니다. 그리고 이어서 Lynde 부인이 어떤 사람인지 묘사하고 있습니다. 작가는 이 책의 도입부를 Lynde 부인의 눈으로 펼쳐 가는데요, Lynde 부인의 시선을 제대로 따라가려면, 그리고 그 시선이 머문 곳에서 같은 감정을 느끼려면 먼저 그 사람이 어떤 사람인지 알아야 재미가 더해지기 때문에 'Lynde 부인은 어떤 사람인가'에 대한 설명이 먼저 나온 것이지요.

여기 등장하는 Church Aid Society(교회 봉사회)와 Foreign Missions Auxiliary(해외 선교 지원단)는 장로 교회에서 여성 신도들이 소속되어 활동하는 주요 단체였습니다. 작가인 루시 모드 몽고메리의 남편은 장로 교회의 목사였습니다. 그래서 이 작품의 중반부쯤부터는 목사관에서 집필했다고 하죠. 작품 속에서 Matthew Cuthbert와 Marilla Cuthbert는 신앙심이 깊은 사람들로 나옵니다. Anne이 주일학교에 가는 장면도 나오고, 마을에 새로 부임한 목사님과 사모님을 만나는 장면도 등장합니다. 작가가 실제로 교회의 사모님이었다는 것을 알고서 읽으면 장면이 훨씬 생생하게 느껴집니다.

이야기를 읽으며 자연스럽게 그 시대의 생활상을 함께 엿볼 수 있는 것은 소설을 읽는 큰 즐거움 중 하나입니다. Lynde 부인이 'cotton warp quilts'를 만들었다는 말이 나오는데요, 이 작품이 쓰인 시대에 프린스 에드워드 섬의 시골 마을에서는 앵글로 색슨족, 스코틀랜드, 아일랜드 이민자들의 전통인 Home crafts(가내수공업)가 이어졌다고 합니다. 그런데 이것은 지금의 '취미'와는 조금 성격이 달랐다고 해요. 요즘은 퀼트나 뜨개질을 취미로 배우지만, 이 당시에는 절약의 방편으로 헌 옷이나 버릴 옷감을 조각조각 이어 붙이는 일명 패치워크(patchwork)로 침대보나 식탁보를 만들었다고 합니다. 당시의 여성들은 집에서 쓰는 물건이나 옷을 구매하여 사용하는 '소비자'이기보다는, 직접 만들어서 쓰는 '생산자'에 가까웠습니다. 작품 속에서도 Anne이 이런 일들을 Marilla에게서 배우는 장면이 나옵니다. Anne의 성격에는 영 맞지 않아서 애를 먹지만 말이지요. '옷'을 사러 가는 것이 아니라 옷을 지을 '옷감'을 사러 가는 장면도 뒤에 등장합니다. 아무튼 이런 고된 작업을 통해서 만들어지는 침대보를 열여섯 개나 만들고, 그러면서도 마을에서 일어나는 일들을 모두 꿰고 있다니, Lynde 부인의 부지런함(?)에 주변 부인들의 입이 떡 벌어지는 것은 당연해 보입니다.

이런 Lynde 부인의 눈에 한 장면이 포착되고, 엄청난 호기심을 불러일으킵니다. 과연 그 장면은 무엇이었을까요?

*Write a favorite sentence

마을에서 무슨 일이 일어나는지 놓치는 법이 없는 Rachel Lynde 부인의 눈에 Matthew Cuthbert의 수상한(?) 모습이 포착된다. 한창 순무씨를 뿌리느라 바쁠 때이기도 하고, 생전 다른 사람을 만나러 누군가의 집에 찾아가는 법이 없는 Matthew가 마차를 타고, 그것도 옷을 차려입고 마을을 빠져나가고 있다니! 마차의 속도를 봐서는 급하게 의사를 부르러 가는 것 같지도 않다. 대체 무슨 일인지 궁금해서 안달이 난 Lynde 부인은 종일 가만히 있지를 못한다. 결국 Marilla를 찾아가서 묻기로 한다.

Marilla는 자신의 집을 찾아온 Lynde 부인이 말을 꺼내자마자 '올 줄 알았다'는 반응을 보인다. 이 작은 마을에서 한창 일을 해야 할 시간에, 다른 사람도 아니고 Matthew 오라버니가 옷을 차려입고 마차까지 타고 나갔으니 이웃들의 눈에 띨 수밖에 없다는 것을 알고 있었다. Marilla는 Matthew가 사실은 고아원에서 오는 남자아이를 데리러 갔다고 이야기 한다. 두 남매의 입양 소식에 Lynde 부인은 깜짝 놀란다. Marilla는 오라버니가 나이가 들어서 기력이 예전만 못하기 때문에 도울 일손이 필요해서 오래전부터 생각했던 일이라고 답한다.

Lynde 부인은 그런 Marilla에게 아는 사람의 일화를 얘기하면서 생판 모르는 아이를 집으로 들이는 건 아주 위험하고 어리석은 일이라고 걱정을 늘어놓는다. Marilla는 그런 위험 부담은 아이를 낳아서 키운다고 해도 있는 것이고, 오라버니가 너무 기운이 없는 듯 보여서 자신이 양보할 수밖에 없었다고 말한다. 그러면서 만약 여자아이였다면 입양하지 않았을 거라는 말도 덧붙인다.

Lynde 부인은 Matthew가 돌아오는 모습을 보고 싶었지만 그러려면 너무 오래 기다려야 했기에, 그렇게 있기보단 다른 집에 가서 이 놀라운(?) 소식을 전하는 게 좋겠다는 생각으로 자리에서 일어난다. Lynde 부인은 오솔길에 접어들고 나서야 혼잣말을 한다. 저 초록 지붕 집에 누가 오게 될지 모르지만, 아이와 관련해서 경험이 전혀 없는 남매에게 오게 된 건 아이에게도 아주 운이 없는 일이라고 말이다.

매슈 커스버트가 놀라다

매슈와 앤이 기차역에서 처음 만나는 장면입니다.
매슈는 당연히 '남자아이'를 기대하고 나갔는데, 예상 밖의 일이 벌어집니다.
매슈는 앤에게 사실대로 말하지 못하고 일단 집으로 데려가기로 합니다.

"초록 지붕 집의 매슈 커스버트 아저씨 맞으시죠?" 여자아이가 유난히 맑고 다정한 목소리로 말했다. "만나 뵙게 되어서 정말 기뻐요. 아저씨가 절 데리러 오지 않으면 어쩌나 걱정되기 시작하던 차였어요. 데리러 오지 못하게 막는 온갖 상황들을 상상하고 있었어요. 혹시라도 아저씨가 오늘 밤까지 저를 데리러 오지 않으시면 모퉁이에 있는 큰 벚나무까지 길을 따라 내려가서 그 나무 위에 올라가서 밤을 보내야겠다고 마음먹었었거든요. 하나도 안 무서워요. 달빛 아래로 하얀 벚꽃이 활짝 핀 나무에서 잔다니 근사할 것 같지 않으세요? 대리석 궁전에 산다고 상상할 수도 있고요. 그리고 아저씨가 오늘 밤에 못 오신다면 내일 아침에는 꼭 오실 거라고 생각했어요."

매슈는 앙상한 작은 손을 어색하게 맞잡았다. 그리고 그 자리에서 어떻게 할지 결심했다. 눈이 반짝반짝 빛나고 있는 이 아이에게 무언가 착오가 있었다고 말할 수는 없었다. 일단 아이를

Matthew Cuthbert Is Surprised

bend 모퉁이, 굽은 길 moonshine 달빛
dwell 살다, 거주하다 scrawny 뼈만 앙상한 defer 미루다, 연기하다
worldly goods 재물, 재산 knack 재주, 요령

"I suppose you are Mr. Matthew Cuthbert of Green Gables?" she said in a peculiarly clear, sweet voice. "I'm very glad to see you. I was beginning to be afraid you weren't coming for me and I was imagining all the things that might have happened to prevent you. I had made up my mind that if you didn't come for me tonight I'd go down the track to that big wild cherry-tree at the bend, and climb up into it to stay all night. I wouldn't be a bit afraid, and it would be lovely to sleep in a wild cherry-tree all white with bloom in the moonshine, don't you think? You could imagine you were dwelling in marble halls, couldn't you? And I was quite sure you would come for me in the morning, if you didn't tonight."

Matthew had taken the scrawny little hand awkwardly in his; then and there he decided what to do. He could not tell this child with the glowing eyes that there had been a

집으로 데려가고, 나머지는 마릴라가 말하게 할 생각이었다. 어떤 착오가 있었든지 간에 아이를 이곳 브라이트 리버 역에 혼자 남겨둘 수는 없는 노릇이었다. 궁금한 걸 묻거나 설명을 듣는 건 초록 지붕 집으로 무사히 돌아갈 때까지 미루는 게 나을 듯했다.

"늦어서 미안하구나." 매슈가 멋쩍게 말했다. "따라오렴. 말은 저쪽 뜰에 있단다. 가방은 이리 다오."

"아니에요, 제가 들 수 있어요." 아이가 발랄하게 대답했다. "무겁지 않아요. 제가 가진 걸 전부 넣었는데도 안 무겁네요. 그리고 잘못 들면 손잡이가 빠져요. 그래서 제가 드는 게 나아요. 저는 요령을 정확히 알고 있어요. 이게 많이 낡은 융단 가방이거든요. 참, 아저씨가 나와 주셔서 너무 신나요. 벚나무 위에서 자는 것도 멋지지만요."

mistake; he would take her home and let Marilla do that. She couldn't be left at Bright River anyhow, no matter what mistake had been made, so all questions and explanations might as well be deferred until he was safely back at Green Gables.

"I'm sorry I was late," he said shyly. "Come along. The horse is over in the yard. Give me your bag."

"Oh, I can carry it," the child responded cheerfully. "It isn't heavy. I've got all my worldly goods in it, but it isn't heavy. And if it isn't carried in just a certain way the handle pulls out-so I'd better keep it because I know the exact knack of it. It's an extremely old carpet-bag. Oh, I'm very glad you've come, even if it would have been nice to sleep in a wild cherry-tree."

😊 이번 장면은 Matthew 아저씨와 Anne이 기차역에서 처음 만나는 장면입니다. 앞에서 Lynde 부인은 Matthew가 옷을 차려입고 도대체 어디를 가는지 궁금해서 안달이 났었는데, Matthew는 자신과 Marilla를 도울 남자아이를 데리러 기차역에 왔네요. 그러자 아저씨를 먼저 알아본 아이가 또랑또랑하고 듣기 좋은 목소리로 인사를 건넵니다. 영어로 'sweet'라고 하면 가장 먼저 떠오르는 것은 무엇인가요? 아마 달콤한 사탕, 초콜릿이 함께 떠오르면서 소위 '달달한' 이미지가 생각나겠죠. 영어의 형용사는 폭넓은 이미지를 대변하는 경우가 많습니다. 그래서 그 대상이 사람이라면 다정한 사람, 목소리라면 듣기 좋은 목소리, 달콤한 것을 떠올릴 때 드는 기분, 달콤한 향까지 모두 다 'sweet'라는 말을 써서 표현할 수 있습니다. 이 대목에서 아이의 이미지가 청각적으로 먼저 전달이 되죠? 또랑또랑 듣기 좋은 목소리를 가진 아이라니… 아직 만나기 전이지만 똑 부러지고 같이 있으면 기분이 좋아지는 아이라는 기대를 하게 됩니다.

그렇게 어떤 착오가 생겨서 마주하게 된 아이가 뜬금없는 이야기를 꺼냅니다. 아저씨가 오지 않을 경우를 걱정하면서 시무룩해 있던 게 아니라 그 사이 자신이 상상한 것들을 꺼내 보입니다. 《빨강 머리 앤》 이야기를 끌고 가는 큰 줄기 중 하나가 바로 '스토리텔링(storytelling)'인데요, 이 스토리텔링을 주되게 이끌고 가는 인물은 당연히 주인공인 Anne입니다. Anne의 입을 통해서 주변 인물들은 어디서 끝이 날 줄 모르는 이야기를 듣게 되지요. 이 장면은 바로 그 화려한 스토리텔링의 서막에 불과합니다. Matthew 아저씨가-워낙 말이 없는 사람이기도 하지만-언제부터 기다렸는지, 왜 남자아이가 아닌 여자아이가 자신을 기다리고 있는 건지 물을 새도 없이 그야말로 이야기가 '쏟아져' 나옵니다. 본격적으로 Anne이 전면에 등장하면서 정말 쉴 새 없는 Anne의 '재잘거림'을 듣게 됩니다. 이 장면이 지나고 마차를 타고 집으로 돌아가면서 장장 한 페이지 반에 달하는 동안 Anne은 혼자서 계속 말을 합니다. Matthew 아저씨는 그저 "글쎄다, 잘 모르겠구나."라는 말만 할 뿐이죠.

Anne은 왜 이렇게 수다쟁이일까요? 작가가 단순히 주인공을 '말이 많은 아이'로 설정했기 때문은 아닙니다. Anne의 캐릭터는 이 당시 아이들 양육에 있어서 암묵적인 규칙처럼 여겨지던 격언인 'Children should be seen and not heard(아이들이 그 자리에 있어도 되지만(눈에 보여도 되지만), 들리지는 않게)'를 완전히 뒤집는 것이었습니다. 당시는 아이들을 말이 많고 의견을 똑 부러지게 얘기하는 아이로 키우지 않았던 시대죠. 이러한 빅토리아 시대의 다소 엄격한(?) 양육에 대한 태도가 조금씩 변하던 시기가 바로 《빨강 머리 앤》이 세상에 나오던 즈음입니다. 그 시대의 렌즈로 보자면 '개성이 너무 강해서 통제하기 쉽지 않고, 고아로 자라서 예의를 제대로 배우지 못한 아이'로 불릴 수도 있는 주인공 Anne이 내면이 단단한 아이로 성장해 나가는 이야기를 만난 독자들은 어땠을까요? 아마 대리 만족을 느끼지 않았을까 합니다. 어른들의 말에 끼어들지 않는 건 당연히 지켜야 할 아이의 본분(?)이었고 어른들을 방해하지 않는 게 미덕이라고 배웠던 독자들은 어쩌면 어린 시절 맘껏 종알거리지 못한 아쉬움을 Anne을 통해서 달랬는지도 모르겠습니다.

Anne은 때로는 터무니없는 상상 속의 이야기를, 때로는 이러쿵저러쿵 가십거리를 늘어놓으며 조용하던 집을 뒤흔들어 놓습니다. 혼이 나면 잠시 주춤하지만 그때뿐이지요. 하지만 Anne이 일으킨 작은 물결이 결국은 집안을 변화시키고, 동네 사람들의 생각을 바꿔 놓습니다. 우연히 입양된 고아 한 명이 커다란 원을 그리면서 영향력을 확장해 나가는 모습을 지켜보는 기쁨은 마치 내가 아이 하나를 잘 키워낸 듯한 뿌듯함마저 느끼게 합니다. 그런 Anne의 옆에서 처음부터 묵묵하지만 다정하게 Anne을 지지해 주는 인물이 바로 Matthew 아저씨입니다. 그런 아저씨를 처음 만나는 이 장면이 어떻게 진하게 남지 않을 수 있을까요?

*Write a favorite sentence

Matthew 아저씨와 마차를 타고 집으로 돌아가면서 Anne은 고아원에서 지내던 이야기와 그동안 지내왔던 이야기, 집까지 가는 동안 눈에 보이는 풍경에 대한 감탄, 새로운 곳에서 생활하게 된다는 기대감 등등 많은 말들을 쏟아낸다. Matthew는 그저 묵묵히 들어 줄 뿐이다. 아이가 말하는 속도를 따라가는 것이 버겁기는 해도 아이의 수다가 왠지 싫지 않다. Anne은 자신이 살 집으로 가는 길이 너무나 아름다운 것에 행복해하면서 '기쁨의 하얀 길'이라는 이름도 붙여 주고, 아저씨가 알려 준 '배리 연못'을 '반짝이는 호수'로 바꿔 부르겠다고도 한다. 아이는 초록 지붕 집을 상상하며 혹시라도 꿈이면 어쩌나 싶어서 걱정했다고 말하며 집에 다다른다. Matthew는 Marilla가 당황할 것을 걱정하는 것이 아니라 아이가 느낄 실망감을 먼저 생각한다.

예상대로 Marilla는 아이를 보자마자 무언가 착오가 있었다는 것을 얼굴에 드러낸다. 아이는 남매가 자기가 아닌 다른 아이를 원했었다는 것을 알게 되고 서럽게 울기 시작한다. 아이의 반응에도 Marilla는 쌀쌀맞게 해야 할 말만 한다. 늦은 밤에 아이를 돌려보낼 수는 없으니 일단 초록 지붕 집에서 하루를 재우고 상황을 알아보기로 한다. Matthew는 영 마음이 편치 않고, 두 사람은 이 일을 어떻게 해결해야 할지 고민에 빠진다.

Day 03

마릴라 커스버트가 놀라다

당연히 아이를 돌려보내자고 할 줄 알았던 매슈가
뜨뜻미지근한 반응을 보이자 마릴라는 당황합니다. 하지만 매슈의 생각이 어떻든
자신은 아이를 당장 돌려보낼 거라는 뜻을 분명히 합니다.

"참, 이거 정말 난감한 상황이네요." 마릴라가 씩씩거리며
말했다. "이게 다 우리가 직접 가지 않고 전갈만 보낸 결과예요.
리처드 스펜서네 식구들이 말을 좀 잘못 전했나 봐요. 오라버니든
내가 됐든 내일 꼭 스펜서 부인을 만나러 가야겠어요. 저 아이는
고아원으로 돌려보내야 하구요."

"그래, 그래야겠지." 매슈가 영 내키지 않는다는 듯이 대답했다.

"그래야겠지라뇨! 당연히 그렇게 해야지요!"

"글쎄다. 저 애는 정말 착한 아이야, 마릴라. 여기에서 너무나
살고 싶어 하는데, 돌려보낸다고 하는 게 안됐잖니."

"매슈 오라버니, 저 아이를 데리고 있는 게 좋겠다고 말하는 건
아니겠죠!"

마릴라는 매슈가 물구나무서기를 하겠다고 말했어도 이렇게
까지 놀라지는 않았을 것이다.

"글쎄다. 뭐, 아니… 꼭 그렇다는 건 아니야." 자기 생각을 정확히
말해야 하는 불편한 궁지에 몰린 매슈가 말을 더듬었다. "그래,

Marilla Cuthburt Is Surprised

kettle of fish 난감한 사태, 상황 wrathfully 씩씩거리며 twist (사실을) 왜곡하다
asylum (보호) 시설 reluctantly 마지 못해서 predilection 매우 좋아함
stammer 말을 더듬다 dispatch 보내다

"Well, this is a pretty kettle of fish," she said wrathfully. "This is what comes of sending word instead of going ourselves. Richard Spencer's folks have twisted that message somehow. One of us will have to drive over and see Mrs. Spencer tomorrow, that's certain. This girl will have to be sent back to the asylum."

"Yes, I suppose so," said Matthew reluctantly.

"You SUPPOSE so! Don't you know it?"

"Well now, she's a real nice little thing, Marilla. It's kind of a pity to send her back when she's so set on staying here."

"Matthew Cuthbert, you don't mean to say you think we ought to keep her!"

Marilla's astonishment could not have been greater if Matthew had expressed a predilection for standing on his head.

"Well, now, no, I suppose not-not exactly," stammered

우리가… 저 아이를 키우긴 어렵겠지.”

“그런 일은 절대 없어요. 저 아이를 키워서 우리한테 좋은 게 뭐가 있겠어요?”

“우리가 저 아이에게 도움이 될 수는 있지.” 매슈가 불쑥 생각지도 못한 말을 했다.

“아니, 오라버니, 저 애가 오라버니한테 마법이라도 걸었나 보군요! 오라버니는 저 애를 키우고 싶어 하는 게 훤히 다 보이네요.”

“글쎄다. 저 아이는 정말 재미있는 아이야.” 매슈가 끈질기게 말했다.

“집으로 오는 길에 저 아이가 한 말들을 너도 들었으면 좋았을 텐데.”

“말은 참 빨리 하더군요. 딱 보니 알겠던데요. 그게 마음에 드는 건 아니에요. 너무 말이 많은 애들은 싫어요. 난 고아 여자아이를 원하지도 않고, 만약 데려온다고 해도 저런 아이는 아니에요. 이해가 안 가는 구석도 있고. 안돼요, 저 애는 있던 곳으로 당장 돌려보내야 해요.”

Matthew, uncomfortably driven into a corner for his precise meaning. "I suppose-we could hardly be expected to keep her."

"I should say not. What good would she be to us?"

"We might be some good to her," said Matthew suddenly and unexpectedly.

"Matthew Cuthbert, I believe that child has bewitched you! I can see as plain as that you want to keep her."

"Well now, she's a real interesting little thing," persisted Matthew.

"You should have heard her talk coming from the station."

"Oh, she can talk fast enough. I saw that at once. It's nothing in her favour, either. I don't like children who have so much to say. I don't want an orphan girl and if I did she isn't the style I'd pick out. There's something I don't understand about her. No, she's got to be despatched straightway back to where she came from."

💬 아이를 데리러 간 오라버니가 엉뚱한(?) 아이와 돌아왔습니다. Marilla는 당연히 돌려보내야 한다는 생각입니다. 그렇다고 해도 아이에게 직접 "너는 우리에게 필요한 사람이 아니니 네가 있던 고아원으로 다시 돌아가야겠다."라고 말하는 건 쉽지 않죠. 정말 난감한 상황입니다. 이를 나타낸 영어 표현이 '대혼잡, 혼란'이라는 뜻의 'a pretty kettle of fish'입니다. 그런데 'a pretty kettle of fish'란 표현은 왜 이런 상황에 쓰이게 되었을까요?

영국에서는 중세 후기에 '젠트리(gentry)'라고 하는 토지소유자 계층이 생겨났습니다. 넓게는 귀족을 포함한 좋은 가문의 사람들을 통틀어서 칭하기도 합니다. 스코틀랜드 남동부에서 잉글랜드와 스코틀랜드의 경계를 지나 북해로 들어가는 Tweed(트위드) 강 근처에 살던 이 젠트리 계층의 사람들은 트위드 강에서 야외 연회를 즐기던 관습이 있었습니다. 이는 트위드 강이 잉글랜드에서 연어로 유명한 곳이었기 때문인데요, 물고기를 잡아서 주전자(kettle)에 담아 두었다가 요리를 해서 만찬을 즐겼다고 합니다. 말 그대로 '물고기가 담긴 주전자'라는 뜻의 이 표현은 18세기 이후에는 '엉망진창이 된 상황'이나, '혼란', '혼동', 혹은 '어떻게 해야 좋을지 모르겠는 난처한 상황'을 비유적으로 말할 때 쓰이게 되었습니다. 지금 Matthew와 Marilla의 상황이 딱 그렇죠. 데리고 있을 이유가 딱히 없지만, 그렇다고 고아원에서 온 아이에게 다시 고아원으로 돌아가라고 말하기가 얼마나 난처할까요. 더욱이 Anne이 고아라는 설정은 우리가 지닌 '연민'

이라는 감정을 자극하기에 충분합니다.

Matthew와 Marilla는 일손이 '필요'해서 아이를 데리고 오려고 했는데, 필요하지 않은 아이가 오게 된 것입니다. 그래서 Marilla는 필요가 없으니 당연히 돌려보내야 한다고 하지요. 그 아이가 있어 봤자 우리에게 좋을 게 무엇이냐 반문합니다. 여러분이라면 이 상황을 어떻게 해결하시겠어요? 필요하지 않은 물건이라면 손쉽게 반품하면 되는데, 사람은 어떻게 해야 하나 고민이 됩니다. '그래, 이왕 이렇게 된 거 그냥 데리고 있어야지' 하고 흔쾌히 받아들이기엔 현실적인 문제가 큽니다. 이들은 지금 Matthew를 도울 일손이 절실한 상황이죠. 정말 난감합니다.

고민하는 우리에게 Matthew가 말합니다. "We might be some good to her.(우리가 저 아이에게 도움이 될 수는 있지.)"라고요. "난 네가 필요해."가 아니라 "내가 너를 어떻게 도울 수 있을까?", "난 네게 어떤 좋은 걸 줄 수 있을까?"라고 묻는 게 우리가 살아가야 할 방향이라고 말하는 Matthew 아저씨의 목소리가 들리는 듯하지요?

난생처음 보는 오라버니의 모습에 Marilla는 깜짝 놀랍니다. 역에서 집으로 돌아오는 그 짧은 시간 동안 대체 아이의 어떤 점이 오라버니를 저렇게 단단히 사로잡았는지 황당하기만 하지요. 독자도 궁금하기는 마찬가지입니다. 뒤에 이어지는 긴 스토리는 왜 Matthew가 Anne을 첫눈에 마음에 들어 했는지, Matthew가 얼마나 뛰어난 안목을 지녔는지 Marilla를, 그리고 독자들을 설득해 나가는 과정이라고 해도 과언이 아닙니다.

아이를 키워 본 적이 없는 Cuthbert 남매의 집에 Anne이 발을 들이게 되는 일은 그들의 인생에 예상치 못한 일들이 벌어지리라는 신호와도 같습니다. Matthew의 "We might be some good to her.(우리가 저 아이에게 도움이 될 수는 있지.)"라는 한마디는 Matthew가 비록 아이를 키워 본 경험은 없어도 그 누구보다 아이를 잘 키울 수 있는 사람이라는 안도감이 들게 합니다. 그리고 우리 주변에서 아무것도 바라는 것 없이 사랑을 베풀고 있는 Matthew 아저씨 같은 사람들이 하나, 둘 떠오르면서 마음이 따뜻해집니다.

*Write a favorite sentence

날이 어두워져서 일단 초록 지붕 집에서 하룻밤을 머물기로 한 Anne은 다음날 해가 중천에 떠서야 일어난다. 그러고는 자신이 지금은 초록 지붕 집에 있지만 곧 떠나야 할지도 모른다는 사실을 떠올리며 창가로 뛰어가서 창문을 올리고 밖을 내다본다. 바깥 풍경은 이제껏 Anne이 꿈꾸던 모습 그대로라 할 만큼 아름다웠다. 누군가 어깨에 손을 올리는 느낌이 들어 쳐다보니 Marilla였다. Anne은 자신의 처지도 잊은 채 풍경에 대한 감상과 상상을 늘어놓는다. 아침을 먹으면서도 쉴 새 없이 말을 해서 Marilla를 정신없게 한다. Marilla는 이렇게 공상을 좋아하는 아이를 데리고 있으려 하는 Matthew를 이해할 수 없었다. Matthew는 별말이 없었지만, 그의 침묵은 말보다 열 배는 강했다.

설거지를 하겠다고 나서는 Anne에게 자리를 내주고 일하는 솜씨를 지켜보니 야무졌다. 침대 정리까지 마친 아이에게 나가서 놀아도 좋다고 하니, 이렇게 아름다운 곳에서 살 수가 없다면 애초에 정이 들지 않는 게 낫다며 나가지 않겠다고 한다. 온갖 상상을 늘어놓는 아이를 보면서 Marilla는 재미있는 아이라고 생각하지만, 아이를 데리고 있을 마음은 추호도 없다. Marilla는 Spencer 부인에게 가서 일의 자초지종을 물어야겠다고 하며 오후에 Anne과 함께 마차를 타고 떠난다.

마차에서 Marilla는 Anne에게 몇 살이고 어디서 태어났는지 물었고,

Anne은 자연스럽게 자신의 이야기를 하게 된다. Anne은 태어나고 얼마 지나지 않아서 엄마와 아빠를 열병으로 잃었다. 돌봐 줄 친척이 없던 Anne을 Thomas 부인이 맡아서 키웠는데, Anne은 함께 살면서 그 집의 아이들을 돌봤다. 그러다가 기차 사고로 남편을 잃게 된 부인이 아이들을 데리고 다른 곳으로 가게 되었는데, Anne까지는 데리고 갈 수 없어 Anne은 다시 Hammond 씨네 집으로 가게 된다. 남편을 잃은 Hammond 부인은 아이들을 여기저기 보내고 미국으로 가고, 그때부터 Anne은 고아원에서 생활하게 되었다.

Anne의 얘기를 들으면서 Marilla는 고아원으로 다시 돌아가야만 하는 아이가 가엾다. 말이 조금 많긴 하지만 그건 가르치면 고칠 수도 있다고 생각하고, 어쩌면 부모님은 좋은 사람들이었을지 모른다는 생각도 한다. 어쩐지 마음 한구석이 편치 않은 Marilla는 그렇게 Anne과 함께 Spencer 부인의 집에 도착한다. 고아원으로 다시 돌려보내는 게 가능할지 묻는 Marilla에게 Spencer 부인은 마침 일손이 필요해서 Anne을 데려갈 수도 있는 사람이 있다고 한다. 그 사람은 바로 일꾼들에게 악명 높은 Blewett 부인이었다. Marilla는 내키지 않았지만 일단 얘기를 나누려고 집으로 들어간다.

Day 04

마릴라가 결심하다

앤을 돌려보낼 생각을 하고 마릴라는 마침 도와줄 일손을 찾고 있던 블루엣 부인을 만나게 됩니다. 그런데 어쩐지 마음이 내키지 않습니다. 오라버니에게 강력하게 앤을 돌려보내야 한다고 말했었는데 왜 선뜻 보내지 못하는 걸까요?

블루엣 부인이 앤에게 눈길을 휙 던지며 머리부터 발끝까지 쳐다봤다.

"몇 살이고 이름은 뭐니?" 블루엣 부인이 물었다.

"앤 셜리예요." 움츠러든 앤은 이름 철자에 주의해 달라는 당부는 하지도 못하고 더듬거리며 대답했다. "나이는 열한 살이고요."

"흠, 딱히 뭘 잘할 거처럼 보이지는 않는구나. 강단은 있어 보여. 뭐, 강단이 있는 게 제일이긴 하지. 내가 널 데리고 가면 말을 잘 들어야 한다. 착하고 야무지고 예의 바르게 굴어야 해. 네 밥값은 하길 바란다. 그건 확실히 해야겠구나. 좋아요, 커스버트 부인. 제가 이 아이를 데려가는 게 좋겠네요. 갓난아기가 어찌나 보채는지, 그 아이를 돌보느라 진이 다 빠졌어요. 괜찮으시다면 지금 바로 데리고 가고 싶은데요."

마릴라는 앤을 쳐다봤다. 그리고 창백한 얼굴로 입도 뻥긋 못하고 소리 없이 괴로워하는 표정에 마음이 약해졌다. 마치 어린 짐승이 도망쳐 나온 덫에 또다시 걸려들어 희망이 보이지 않아서

Marilla Makes up Her Mind

dart 휙 눈길을 던지다 falter 더듬거리다 stipulation 조건, 규정 wiry 강단 있는
fractious 성질을 부리는, 보채는 wear out 지치게 만들다 conviction 선고
haunt 뇌리에서 떠나지 않다 high-strung 쉽게 흥분하는

Mrs. Blewett darted her eyes over Anne from head to foot.

"How old are you and what's your name?" she demanded.

"Anne Shirley," faltered the shrinking child, not daring to make any stipulations regarding the spelling thereof, "and I'm eleven years old."

"Humph! You don't look as if there was much to you. But you're wiry. I don't know but the wiry ones are the best after all. Well, if I take you you'll have to be a good girl, you know-good and smart and respectful. I'll expect you to earn your keep, and no mistake about that. Yes, I suppose I might as well take her off your hands, Miss Cuthbert. The baby's awful fractious, and I'm clean worn out attending to him. If you like I can take her right home now."

Marilla looked at Anne and softened at sight of the child's pale face with its look of mute misery-the misery of a helpless little creature who finds itself once more

서글퍼하는 표정이었다. 마릴라는 그 표정을 못 본 체하면 죽을 때까지 생각이 날 거라는 불편한 선고를 받은 느낌이었다. 게다가 블루엣 부인도 마음에 들지 않았다. 감수성이 예민하고 '잘 들뜨는' 아이를 저런 사람에게 보낸다니! 아니, 그런 짓은 할 수 없었다!

"글쎄요. 아직 뭐라 말씀을 드리기가 어렵네요." 마릴라가 천천히 말했다.

"매슈와 제가 이 아이를 데리고 있지 않기로 한 게 확실히 결정 난 일이라고 말하지는 않았는데요. 사실 오라버니가 아이를 데리고 있고 싶어 하는 마음이 있거든요. 저는 그냥 어쩌다가 일이 이렇게 된 건지 알아보고 싶어서 온 거예요. 일단 아이는 제가 데리고 가고, 매슈와 얘기를 좀 더 나눠 봐야겠어요. 오라버니와 상의하지 않고 혼자 결정하면 안 된다는 생각이 드네요. 아이를 보내기로 하면, 내일 밤에 아이만 보내거나 직접 데리고 올게요. 그러지 않으면 저희가 데리고 있기로 했다고 아시면 돼요. 그렇게 해도 괜찮을까요, 블루엣 부인?"

caught in the trap from which it had escaped. Marilla felt an uncomfortable conviction that, if she denied the appeal of that look, it would haunt her to her dying day. Moreover, she did not fancy Mrs. Blewett. To hand a sensitive, 'highstrung' child over to such a woman! No, she could not take the responsibility of doing that.

"Well, I don't know," she said slowly.

"I didn't say that Matthew and I had absolutely decided that we wouldn't keep her. In fact I may say that Matthew is disposed to keep her. I just came over to find out how the mistake had occurred. I think I'd better take her home again and talk it over with Matthew. I feel that I oughtn't to decide on anything without consulting him. If we make up our mind not to keep her we'll bring or send her over to you tomorrow night. If we don't you may know that she is going to stay with us. Will that suit you, Mrs. Blewett?"

💬 이 본문이 등장하기 전, 작가는 Blewett 부인을 'A terrible worker and driver(억척스럽게 일하고 일꾼들을 몰아붙이는 사람)'로 묘사합니다. 이를 통해 독자들이 Blewett 부인에 대해서 막연한 상상을 하도록 유도합니다. Marilla는 일이 도대체 왜 꼬여 버린 것인지 궁금해서 Spencer 부인을 찾아왔는데, 마침 Blewett 부인이 일손을 찾고 있으니 고아원으로 돌려보낼 것 없이 그 부인에게 보내면 된다는 말을 듣습니다. 하지만 Marilla는 'Marilla felt a qualm of conscience at the thought of handing Anne over to her tender mercies.(마릴라는 앤을 블루엣 부인의 자비로움에 맡기자니 양심에 거리낌이 들었다.)'라며 내켜 하지 않습니다. 이 문장에 나온 'tender mercies'를 이해하려면 구약 성경의 잠언 12장 10절을 들춰 봐야 하는데요, 그 구절은 이렇습니다.

'A righteous man regardeth the life of his beast: but the tender mercies of the wicked are cruel.'
(의인은 제 가축의 요구까지 돌보지만 악인은 그 자비마저 잔인하다.)

그러니 'her tender mercies'에 Anne을 맡긴다는 표현은 일꾼들이 고개를 절레절레 흔들 정도로 고약한 성미를 지닌 Blewett 부인이 베푸는 자비, 즉 'tender mercies of the wicked(악인이 베푸는 자비)' 속으로 Anne을 보낸다는 말이 되는 것이죠. 부인의 성미를 모른다면 모를까 알면서 보내자니 영 마음에 걸리지만, 딱히 뾰족한 방법이 없으니 Marilla는 그들과 한자리에 앉게 됩니다.

여기서 주목할 부분이 있는데요, Marilla 옆에 Anne이 함께 있다는 사실이 마치 의도한 듯이 가려져 있다는 점입니다. 지금 상황에서 Anne의 생각이나 의지는 중요하지 않다는 점을 확대해서 보여 주고 있어요. 오로지 어른들의 결정에 운명이 달린 Anne은 Matthew 아저씨를 만나자마자 쉴 새 없이 종알거리던 모습은 온데간데없이 잔뜩 움츠러든 모습입니다. 두 어른의 대화는 마치 필요 없는 물건을 반품하는 듯한 느낌을 주기도 합니다.

이 장면의 바로 앞에서 Spencer 부인은 "Anne will be the very good for her. I call it positively Providential.(앤이 블루엣 부인 집에 딱 맞겠어요. 분명 하늘의 뜻이에요.)"이라고 말했습니다. 하지만 Marilla는 딱히 그렇게 생각하지 않았습니다. 'Marilla did not look as if she thought Providence had much to do with the matter. Here was an unexpectedly good chance to get their unwelcome orphan off her hands, and she did not even feel grateful for it.(마릴라는 이 일이 딱히 하늘의 뜻이라고는 생각하지 않는 표정이었다. 원치 않던 고아 아이를 보낼 수 있는 뜻밖의 좋은 기회가 왔는데도 전혀 반갑지 않았다.)'이라는 구절이 있거든요. 여기서 '하늘의 뜻' 즉, '신의 섭리'를 뜻하는 'Providence'는 이후에도 작품 곳곳에 종종 등장하는 단어입니다.

그런 마음을 아는지 모르는지, Blewett 부인은 Anne을 보면서 '일을 잘할 아이인지'만 따집니다. 그리고 "I'll expect you to earn your keep, and no mistake about that.(네 밥값은 하길 바란다. 그건 확실히 해야겠구나.)"이라고 하면서 아이를 데려가는 목적을 확실히 해 둡니다. 돈을 내고 일꾼을 사는 것이죠. 갓난아기를 돌보느라 진이 빠진 Blewett 부인은 '당장' Anne을 데리고 가려고 합니다. Marilla는 처음부터 내키지 않았는데 그만, 아이의 표정을 보고 맙니다.

작가는 아이의 겁먹은 표정을 'the misery of a helpless little creature who finds itself once more caught in the trap from which it had escaped(마치 어린 짐승이 도망쳐 나온 덫에 또다시 걸려들어 희망이 보이지 않아서 서글퍼하는 표정)'로 묘사했어요. 그런 Anne의 표정을 본 Marilla는 'If she denied the appeal of that look, it would haunt her to her dying day.(그 표정을 못 본 체하면 죽을 때까지 생각이 날 것 같다.)'라는 느낌이 듭니다.

Anne을 보내는 것이 정말 'Providence(신의 섭리)'였든 아니든, Marilla는 "In fact I may say that Matthew is disposed to keep her.(사실 오라버니가 아이를 데리고 있고 싶어 하는 마음이 있거든요.)" 라는 말로 Anne에게 희망을 줍니다. 다시 고아원으로 돌아가거나 일꾼으로 보내지게 될까 봐 눈앞이 캄캄하던 Anne에게 이 한마디는 그야말로 '생명수'처럼 느껴졌겠지요. 그 희망의 중심엔 Matthew 아저씨가 있습니다. Anne의 마음속에 Matthew 아저씨에 대한 무한한 감사함이 자라난 건 이때부터가 아니었을까요?

*Write a favorite sentence

Marilla의 마지막 말을 기억하는 Anne은 집을 나서면서 자기가 정말로 초록 지붕 집에서 살 수 있느냐고 묻는다. Marilla는 아직 아무것도 결정된 것은 없고, 자신보다 Blewett 부인이 일손을 더 필요로 하니 Anne을 보낼 수도 있다고 대답한다. 하지만 Anne은 송곳처럼 생긴 Blewett 부인과 사느니 차라리 고아원으로 돌아가는 게 낫겠다고 한다.

Anne과 함께 돌아오는 Marilla를 보며 Matthew는 안심한다. Marilla는 자꾸 그쪽으로만 생각해서 그런지 꼭 이 아이를 키워야 할 듯한 생각이 든다고, 못 할 것도 없다고 말한다. 아이를 돌려보낼 생각을 하면 자꾸만 마음이 편치 않은 Marilla는 결국 오라버니의 결정에 따르기로 한다. 그러면서 Anne의 교육은 전적으로 자신이 담당하겠으니 일절 간섭하지 말라고 한다. 그렇게 Marilla는 앞으로 어떤 일이 펼쳐질지 모르는 모험을 택한다. 하지만 아이가 너무 들떠서 잠을 자지 못할까 봐 그 소식을 당장은 전하지 않기로 한다.

Day 05

앤의 교육이 시작되다

앤이 초록 지붕 집에서 살게 될 건지, 아니면 고아원으로 돌아가야 하는지에 대한
대답을 미루고 있는 마릴라. 기다리다 못한 앤이 아줌마를 조릅니다.
앤은 어떤 이야기를 듣게 될까요?

"제발요, 아주머니. 저를 돌려보내실 건지 말 건지 말씀해 주시면
안 될까요? 아침 내내 잠자코 있으려고 했는데요, 더는 궁금해서
기다릴 수가 없어요. 너무 끔찍한 기분이에요. 제발 말씀해 주세요."

"뜨거운 물에 행주를 소독하라고 했는데 일러 준 대로 하지 않았
더구나." 마릴라는 꿈쩍도 하지 않았다. "가서 그 일부터 끝내고
궁금한 걸 물어라, 앤."

앤은 부엌으로 가서 뜨거운 물에 행주를 담갔다. 그러고는 다시
와서 간절한 눈빛으로 마릴라를 쳐다봤다. "그래." 더는 미룰
이유를 댈 수 없는 마릴라가 대답했다.

"이제 말해 주는 게 좋겠구나. 오라버니하고 나는 너를 데리고
있기로 했단다. 물론 네가 착한 아이가 되려고 노력하고 감사하는
마음을 지닌다면 말이야. 저런, 아니, 얘야, 왜 그러니?"

"눈물이 나요." 어리둥절한 앤이 대답했다. "왜 그런지는 모르
겠어요. 전 지금 제가 기쁠 수 있는 최대한으로 기뻐요. 아, 기쁘

Anne's Bringing-up Is Begun

scald 열탕 소독을 하다 immovably 단호하게, 확고하게
imploring 애원하는, 간절한 bewilderment 어리둥절함 uphill work 힘든 일
worked up 감정이 북받친 fortnight 2주

"Oh, please, Miss Cuthbert, won't you tell me if you are going to send me away or not?' I've tried to be patient all the morning, but I really feel that I cannot bear not knowing any longer. It's a dreadful feeling. Please tell me."

"You haven't scalded the dishcloth in clean hot water as I told you to do," said Marilla immovably. "Just go and do it before you ask any more questions, Anne."

Anne went and attended to the dishcloth. Then she returned to Marilla and fastened imploring eyes of the latter's face. "Well," said Marilla, unable to find any excuse for deferring her explanation longer,

"I suppose I might as well tell you. Matthew and I have decided to keep you-that is, if you will try to be a good little girl and show yourself grateful. Why, child, whatever is the matter?"

"I'm crying," said Anne in a tone of bewilderment. "I can't

다는 말도 딱 맞는 말은 아니에요. '하얀 길'이랑 벚꽃을 봤을 때 기뻤거든요. 그런데 이건요! 기쁘다는 말로 다 표현이 안 돼요. 너무 행복해요. 정말 착한 아이가 되도록 노력할 거예요. 엄청 힘들 거 같기는 해요. 토마스 아주머니가 저는 정말 힘든 애라고 하셨거든요. 그래도 정말 최선을 다할 거예요. 그런데 왜 자꾸 눈물이 나는 걸까요?"

"아마도 너무 흥분하고 감정이 북받쳐서 그렇겠지." 마릴라가 못마땅해하며 대답했다. "의자에 앉아서 마음을 좀 가라앉히렴. 너무 쉽게 울고 웃어서 좀 걱정이구나. 그래, 넌 여기서 살 거고 우린 우리가 해야 할 일을 다할 거야. 학교에 가야 하는데, 2주 후면 방학이니까 9월에 새 학기가 시작하면 다니기로 하자꾸나."

think why. I'm glad as glad can be. Oh, glad doesn't seem the right word at all. I was glad about the White Way and the cherry blossoms-but this! Oh, it's something more than glad. I'm so happy. I'll try to be so good. It will be uphill work, I expect, for Mrs. Thomas often told me I was desperately wicked. However, I'll do my very best. But can you tell me why I'm crying?"

"I suppose it's because you're all excited and worked up," said Marilla disapprovingly. "Sit down on that chair and try to calm yourself. I'm afraid you both cry and laugh far too easily. Yes, you can stay here and we will try to do right by you. You must go to school; but it's only a fortnight till vacation so it isn't worth while for you to start before it opens again in September."

💬 Blewett 부인에게서 구출(?)된 Anne은 초록 지붕 집에서 또 하루를 자게 됩니다. 다음날 오전 내내 Marilla는 앞으로 이 집에서 살게 될 거라는 말을 아끼고, Anne이 집안일을 돕는 모습을 들여다봅니다. 이 장면에서 잠시 우리와 비슷한 살림 방식을 엿볼 수 있어서 흥미로운데요, 바로 "You haven't scalded the dishcloth in clean hot water as I told you to do(뜨거운 물에 행주를 소독하라고 했는데 일러 준 대로 하지 않았더구나)"라는 대목입니다. 손으로 직접 빨래를 하고, 소독이 필요한 건 뜨거운 물에 삶아서 썼음을 알 수 있습니다. 행주를 삶았는지 Marilla가 꼼꼼히 챙기는 것을 보니 '앞으로 Anne이 배울 게 많겠구나' 하는 생각이 들죠?

기다리다 못한 Anne은 Marilla를 조릅니다. "It's a dreadful feeling.(너무 끔찍한 기분이에요.)"이라고 하면서요. 얼마나 애가 탔을까요? Anne은 Matthew 아저씨와 초록 지붕 집에 오던 날부터 이곳에서 살고 싶어 했습니다. 특히 이곳의 풍경을 좋아했지요. 'the White Way(하얀 길)', 'the Lake of Shining Waters(반짝이는 호수)'처럼 마음에 드는 장소에는 벌써 이름도 붙여 놨습니다. 그러니 Anne은 더 기다리기가 힘들었을 테죠. 결국, Marilla는 "Yes, you can stay here and we will try to do right by you.(그래. 넌 여기서 살 거고, 우린 우리가 해야 할 일을 다할 거야.)"라고 말합니다. 'do right'은 '옳은 일을 하다'라는 뜻입니다. 이 부분을 우리말의 한 마디로 똑 떨어지게 표현하기 쉽지 않은데요, 이 상황에서는 Marilla와 Matthew가 Anne을 키우면서 마땅히 해야 할 일들을 최선을 다해 하겠다는 의미입니다. 편하게 지낼 장소를 제공하고, 제때 밥을 먹이고, 더 나아가서는 제대로 된 교육을 받도록 하겠다는 말이죠.

Anne이 예전에 어떻게 살았는지 이야기를 나눌 때 Marilla가 "Did you ever go to school?(학교는 다녔었니?)"이라고 묻는 장면이 있습니다. 지금의 관점으로 생각하면 당연한 것을 왜 묻나 싶겠지만, 이 시대에는 아이를 학교에 보내지 않는다고 해서 부모에게 혹은 부모의 역할을 맡은 사람에게 불이익이 있지는 않았습니다. 사정이 여의치 않으면 학교를 보내지 못한다고 해도 어쩔 수 없는 일이었죠. 그래서 Marilla가 말한 'do right'은 단순히 잘 키우는 것이 아니라, '네가 받아야 할 올바르고 마땅한 모든 것을 최대한 지원하겠다'라는 의미가 됩니다. 그 약속을 Matthew와 Marilla는 끝까지 지키고, Anne도 두 사람에게 큰 감사를 표합니다.

Anne은 너무나 기쁜 나머지 "Can you tell me why I'm crying?(왜 자꾸 눈물이 나는 걸까요?)"이라고 물으면서 감격의 눈물을 흘립니다. 원하는 것이 있어도 가질 수 없다고 늘 생각했을 Anne이 인생에서 처음으로 정말 바라던 일이 현실이 되었을 때의 기쁨을 표현하는 길은 눈물밖에 없었나 봅니다. 뒤에 이어지는 내용에서 Anne은 "Can I call you Aunt Marilla?(마릴라 이모라고 불러도 될까요?)"라고 묻습니다. 그러면 'Cordelia'라고 불러 달라는 말도 하지 않겠다고 하지요.

뒤에서 Marilla는 《Adventures in Wonderland(이상한 나라의 앨리스)》에 나오는 'the Duchess(공작 부인)'처럼 교훈을 좋아한다는 말이 나옵니다. Anne을 고아원으로 돌려보내지 않고 자신이 데리고 있어야겠다고 결심했을 때부터 Marilla는 Anne을 어디서부터 어떻게 가르칠지 그림을 그립니다. 종교 교육부터 집안 살림 하나까지 자신의 방식대로 가르쳐 나갈 마음을 먹지요. 그러면 무엇이 예상되나요? 네, 갈등이지요. 이제껏 제대로 교육을 받은 적이 없는 아이와 아이를 키워 본 적이 없는 어른들이 만나서 겪게 될 갈등은 Anne이 이 집에 살게 된 시점부터 이미 예견된 것이나 마찬가지입니다. 하지만 삐걱거림은 점차 줄어들고, 신뢰와 사랑이 쌓입니다. 그 과정을 어떻게 펼쳐 보여 줄지 기대하면서 다음으로 넘어가 볼까요?

*Write a favorite sentence

자신이 계속 이 집에서 살 수 있다는 말을 들은 Anne은 감격스러워 한다. '아주머니'라고 부르는 것은 예의에 어긋날 듯해서 '이모님'이라 부르고 싶다고 하지만, Marilla는 있는 그대로 부르는 게 좋겠다며 거절한다. 그리고 자신은 사실과 다르게 상상하는 것을 좋아하지 않는다는 말도 덧붙인다. 하지만 Anne은 그런 말에 아랑곳하지 않은 채 자신이 상상으로 했던 기도문 이야기를 늘어놓는다. Marilla는 자신이 무언가를 시키면 다른 걸 하거나 서서 말만 늘어놓지 말고, 시킨 일부터 하라고 이른다. 그 말을 듣고 Anne이 거실로 갔지만, 한참이 지나도 오지 않는다. 참다못한 Marilla가 찾으러 가니 Anne이 〈어린아이들을 축복하는 그리스도〉라는 제목의 그림에 빠져들어 보고 있다. 그 그림 속 아이에게 자신을 투영한 Anne의 설명에 잠시 빠져드는 Marilla이지만, 이내 정신을 차리고 Anne에게 기도문을 외우라고 한다.

기도문을 외우는 것도 잠시, Anne은 이곳에서 '마음의 친구'를 만나고 싶다는 바람을 이야기하기 시작한다. 자신의 가장 소중한 꿈들이 한꺼번에 이루어졌으니 어쩌면 이 꿈도 이루어질 수 있지 않겠느냐고 희망하며 묻는 Anne에게 Marilla는 언덕 과수원집에 사는 Diana Barry라는 아이가 있다고 알려 준다. 아주 예쁜 아이라는 말에 Anne은 더욱 기대한다. 토마스 아주머니 댁에 살 때 거실에 있는 책장 유리문에 비친 모습을 친구 삼아 지냈다는 Anne의 말을 들으며 Marilla는 이제 상상 속 친구는 그만 생각하고 진짜 친구를 사귀는 것이 좋겠다고 한다. 그렇게 자신의 옆에서 쉴 새 없이 이야기를 늘어놓는 Anne에게 이제 그만 방으로 올라가서 기도문을 마저 외우라고 한다. 자신의 다락방에 올라온 Anne은 창가 의자에 앉아 양손으로 턱을 괴고 자신만의 공상의 세계로 빠져든다.

Anne이 초록 지붕 집에 온 지 2주 만에 Lynde 부인이 찾아온다. 그동안 Anne은 시간을 알차게 보내고 있었다. 주변의 크고 작은 나무들과 벌써 친해지고, 골짜기 아래 샘도 익숙해졌다. 샘 너머에는 개울을 건너는 통나무 다리도 있고, 그 다리를 건너면 나무가 우거진 언덕으로 이어졌다. 이따금 놀아도 된다고 허락받은 30분 동안 온갖 탐험을 하며 지낸 덕분이다. Lynde 부인이 찾아왔을 때도 Anne은 과수원 풀밭을 돌아다니고 있었다. Lynde 부인은 오자마자 그동안 아팠던 이야기를 한바탕 늘어놓은 후에 자신이 이곳에 찾아온 진짜 이유를 말한다. Matthew와 Marilla가 아이를 돌려보내지 않기로 했다는 소식에 놀랐다고 하며, 돌려보낼 수는 없었는지 못마땅한 기색으로 묻는다. 어떤 아이인지, 앞으로 어떻게 될지 모르는 아이를 경험도 없는 사람들이 맡았다며 걱정을 내비치는 Lynde 부인에게 Marilla는 덤덤하게 반응할 뿐이다.

Day 06

레이첼 린드 부인이 제대로 충격받다

궁금해하는 린드 부인에게 앤을 보여 주려고 부르려는 찰나,
과수원에서 신나게 뛰어놀던 앤이 집으로 들어옵니다. 그런 앤을 보며 있는 그대로
자신의 생각을 말해 버리는 린드 부인. 앤과의 첫 대면은 무사히 지나갈까요?

앤이 때마침 뛰어 들어왔는데, 과수원을 돌아다니다가 와서 얼굴에는 생기가 넘쳤다. 그러다가 뜻밖의 낯선 사람을 마주하고는 당황해서 문 앞에서 머뭇거렸다. 앤은 확실히 어딘가 이상해 보이는 작은 아이였다. 고아원에서 입고 왔던 짧고 꽉 끼는 면 혼방 원피스를 입고 있었고, 치마 아래로 드러난 길고 깡마른 다리는 볼품없었다. 얼굴의 주근깨는 오늘따라 더 많고 두드러져 보였고, 모자로 덮지 않은 머리카락이 바람에 헝클어져 심하게 엉망이 되어서 그 어느 때보다 더욱 빨갛게 보였다.

"이런, 두 사람이 네 얼굴을 보고 결정을 내린 게 아닌 건 확실하구나." 린드 부인이 강조하며 말했다. 린드 부인은 남을 즐겁게 하고 인기도 있는 사람들 중 한 명이었는데, 그 사람들은 속에 있는 말을 거리낌이나 치우침 없이 말하는 데 자부심을 가지고 있었다.

"깡마른 데다 못생긴 아이로군요, 마릴라. 애야, 이리 와 보렴. 어디 한번 보자. 세상에나, 어쩜 주근깨가 이렇게 많을 수가 있지?

Mrs. Rachel Lynde Is Properly Horrified

roving 돌아다님 abash 당황하게 하다 halt 멈추다 wincey 면 혼방 조직
freckle 주근깨 obtrusive 두드러진 ruffle 헝클다 emphatic 강조하는
favor 치우침, 편애 homely 못생긴 undauntedly 굴하지 않고, 당돌하게

Anne came running in presently, her face sparkling with the delight of her orchard rovings; but, abashed at finding the delight herself in the unexpected presence of a stranger, she halted confusedly inside the door. She certainly was an odd-looking little creature in the short tight wincey dress she had worn from the asylum, below which her thin legs seemed ungracefully long. Her freckles were more numerous and obtrusive than ever; the wind had ruffled her hatless hair into over-brilliant disorder; it had never looked redder than at that moment.

"Well, they didn't pick you for your looks, that's sure and certain," was Mrs. Rachel Lynde's emphatic comment. Mrs. Rachel was one of those delightful and popular people who pride themselves on speaking their mind without fear or favor.

"She's terrible skinny and homely, Marilla. Come here,

머리는 홍당무처럼 빨갛고 말이야! 얘야, 이리 좀 와 보래도.”

앤은 '그리로 가긴' 했지만, 린드 부인이 원하는 식으로는 아니었다. 앤은 부엌 바닥을 가로질러 껑충 뛰어서 린드 부인 앞에 섰다. 얼굴은 화가 나서 벌겋게 달아올라 있었고, 입술은 파르르 떨렸으며, 가녀린 몸은 머리부터 발끝까지 부르르 떨고 있었다.

“저는 아주머니가 싫어요.” 앤은 발을 구르며 감정에 복받쳐 목이 멘 목소리로 소리쳤다. “아주머니가 싫어요. 싫어요. 싫다고요.” 증오에 찬 말을 내뱉으면서 발도 점점 더 크게 쿵쿵 굴렀다. “깡마르고 못생겼다는 말을 어떻게 그렇게 함부로 하실 수가 있어요? 주근깨투성이에 머리가 빨갛다는 말을 어떻게 하실 수가 있어요? 아줌마는 예의 없고 무례하고 인정 없는 사람이에요!”

“앤!” 마릴라가 깜짝 놀라 소리 질렀다.

하지만 앤은 주먹을 꽉 쥔 채 당돌하게 고개를 들고 이글거리는 눈으로 계속해서 린드 부인을 쳐다봤다. 격렬한 분노가 마치 증기를 내뿜듯이 터져 나왔다.

child, and let me have a look at you. Lawful heart, did any one ever see such freckles? And hair as red as carrots! Come here, child, I say."

Anne 'came there,' but not exactly as Mrs. Rachel expected. With one bound she crossed the kitchen floor and stood before Mrs. Rachel, her face scarlet with anger, her lips quivering, and her whole slender form trembling from head to foot.

"I hate you," she cried in a choked voice, stamping her foot on the floor. "I hate you-I hate you-I hate you-" a louder stamp with each assertion of hatred. "How dare you call me skinny and ugly? How dare you say I'm freckled and red headed? You are a rude, impolite, unfeeling woman!"

"Anne!" exclaimed Marilla in consternation.

But Anne continued to face Mrs. Rachel undauntedly, head up, eyes blazing, hands clenched, passionate indignation exhaling from her like an atmosphere.

💬 Marilla와 Matthew가 Anne을 돌려보내지 않고 그냥 키우기로 했다는 소식이 알려지자 Lynde 부인이 달려옵니다. 진작 왔어야 할 Lynde 부인이 2주나 지나서 초록 지붕 집에 온 건 'A severe and unseasonable attack of grippe had confined that good lady to her house ever since the occasion of her last visit to Green Gables.(이 착한 부인은 초록 지붕 집의 방문 이후 때아닌 혹독한 감기에 걸려서 꼼짝없이 집에만 있어야 했다.)'라는 데서 알 수 있듯이 감기 때문이었습니다. 그렇지 않았다면 소식을 듣자마자 한달음에 달려오고도 남았을 이웃이지요.

맨 첫 장에서 묘사했던 Lynde 부인의 이미지를 기억하시는지요? 마을에서 일어나는 모든 일을 꿰뚫고 있는 사람이라고 했습니다. 궁금한 건 참지 못하는 성격이고요. 아이를 키워 본 경험이 전혀 없는 Marilla와 Matthew가 밭일에 도움도 되지 않는 여자아이를 들인다는 소식에 Lynde 부인은 그동안 얼마나 엉덩이가 들썩였을까요?

Marilla와 마주 앉은 Lynde 부인은 "It's a great responsibility you've taken on yourself.(엄청난 책임을 스스로 떠안았네요.)"라며 걱정을 늘어놓습니다. 여기서 'a great responsibility'라는 단어에 주목해 볼까요? Anne은 부모님을 잃은 후 누구에게서도 '책임감 있는' 돌봄을 받지 못한 아이지요. 제대로 된 학교 교육과 돌봄은커녕 그저 '일손이 필요해서' Anne을 데리고 있다가, 상황이 바뀌면 Anne을 버리는 일들이 반복됐습니다.

Lynde 부인은 Anne의 과거를 모르지만, 작가는 아이를 키우는 일은 생각보다 더 큰 책임감을 요구하는 일이라는 것을 Lynde 부인의 입을 통해서 말하고 있습니다. 그 말에 대한 "when I make up my mind to do a thing it stays made up.(난 한번 마음먹으면 잘 흔들리지 않아요..)"이라는 Marilla의 대답을 들으니 '이제야 Anne이 제대로 된 보금자리를 찾았구나!' 싶어서 마음이 놓입니다.

드디어 Anne을 보게 된 Lynde 부인. 그런데 첫 만남부터 크게 삐걱거립니다. Lynde 부인은 자신의 눈에 비친 Anne의 모습을 너무나 가감 없이 말해 버립니다. "Well, they didn't pick you for your looks, that's sure and certain.(이런, 두 사람이 네 얼굴을 보고 결정을 내린 게 아닌 건 확실하구나.)" 하고 말이지요.

그런데 이 말의 충격이 채 가시기도 전에 Lynde 부인이 "She's terrible skinny and homely.(깡마른 데다 못생긴 아이로군요.)", "Lawful heart, did any one ever see such freckles? And hair as red as carrots!(세상에나, 어쩜 주근깨가 이렇게 많을 수가 있지? 머리는 홍당무처럼 빨갛고 말이야!)" 같은 말들을 연달아 쏟아 내자 Anne은 결국 "I hate you.(전 아주머니가 싫어요.)"라는 말을 네 번이나 내뱉고 맙니다.

Anne이 집에 들어오는 장면을 묘사한 부분에서 'the wind had ruffled her hatless hair into over-brilliant disorder; it had never looked redder than at that moment.(모자로 덮지 않은 머리카락이 바람에 헝클어져 심하게 엉망이 되어서 그 어느 때보다 더욱 빨갛게 보였다.)'라는 설명이 있습니다. Anne은 자신의 빨간 머리에 대해서 자주 불평을 하고 불만족스러워하지요. 자신이 바꿀 수 없는 머리 색깔에 대한 Anne의 불만은 곧 자기 자신에 대한 불만을 나타냅니다. 자신의 모습 그대로 온전히 사랑받는 경험에 대한 결핍이 외적으로 가장 도드라지는 머리 색깔을 통해 나타나고 있는 것이지요. 이러한 Anne의 심리는 Cuthbert 남매를 통해서 점차 안정되어 가고, 작품 후반에 가면 자신의 빨간 머리도 있는 그대로 받아들이게 됩니다. 즉, 자신을 사랑하는 성숙한 아이로 잘 성장하게 되는 것이지요.

첫 단추부터 관계가 제대로 꼬여 버린 Anne과 Lynde 부인입니다. 하지만 아무리 Lynde 부인이 지나치게 말했다 한들, 어른에게 당돌하게 "I hate you!"라고 소리친 Anne의 행동은 혼이 나는 게 마땅한 행동이죠. 하지만 예상치 못한 상황에 당황스럽기도 하고 화가 나기도 한 Lynde 부인에게 Marilla는 오히려 "You WERE too hard on her, Rachel.(레이첼, 당신도 아이한테 너무 심했어요.)"이라고 말하는 장면이 뒤에 이어집니다. Anne보다 더 오래 알고 지낸 Lynde 부인의 편을 들 만도 했을 텐데, Marilla는 Lynde 부인의 말실수를 조용히 꼬집습니다. 비록 Anne은 이 말을 듣지 못했지만 말이죠.

어디로 튈지 모르고, 다듬어지지 않은 Anne이 앞으로 어떻게 Lynde 부인과 화해하고 이웃들과 원만히 어울리며 이 마을에 적응하고 지낼지 더욱 궁금해집니다.

*Write a favorite sentence

_____

_____

Anne의 돌발 행동에 당황한 Lynde 부인과 Marilla. Marilla는 사과하고 용서를 구하는 말을 하려고 입을 열었지만, "아이 외모를 조롱한 건 잘못이에요."란 뜻밖의 말이 튀어나온다. 언짢아하는 Lynde 부인에게 Marilla는 아이를 두둔할 생각은 없지만, Lynde 부인의 말이 지나쳤음을 얘기한다. 그런 Marilla에게 Lynde 부인은 저 아이에겐 필요할 때 자작나무 회초리를 쓰라고 충고하며, 당분간 이 집에는 오기 힘들겠다고 말하고 횡하니 떠난다.

다락방으로 가는 계단을 오르는 Marilla는 심경이 복잡하다. Lynde 부인은 매를 들라고 했지만 영 내키지 않는다. 하지만 적절한 벌이 필요하다 싶은데, 어떻게 벌을 주어야 할지 좋은 생각이 나지 않는다. 침대에 엎드려 펑펑 울고 있는 Anne을 일으켜 앉힌 Marilla는 Anne이 잘못된 행동을 했다고 말한다. 하지만 Anne은 자신이 그 말을 듣는 순간 숨이 콱 막혀서 화를 낼 수밖에 없었다고 한다. 아주머니였다면 어떤 기분이었을지 생각해 보라는 Anne의 말에 Marilla는 50년 전 친척 아주머니에게서 받은 상처가 떠올라 화를 내는 목소리가 수그러든다. 하지만 Anne의 행동이 결코 옳은 행동은 아니었다고 말하며, Lynde 부인을 찾아가서 용서를 구하라고 한다. Anne은 어둡고 축축한 지하 감옥에 가두고 빵과 물만 줘도 좋으니, 그런 벌은 주지 말아 달라고 애원한다. 하지만 Marilla는 사과할 마음이 들 때까지 방에서 한 발짝도 나오지 말라고 엄포를 놓으며 물러서지 않는다.

그날 저녁, 그리고 다음 날 아침에도 Anne이 식사하러 내려오지 않자 Marilla는 Matthew에게 무슨 일이 있었는지 설명할 수밖에 없었다. 최대한 Anne이 했던 행동의 심각성을 전달하려고 애쓰며 자초지종을 들려준다. Matthew는 벌은 조금 받아야겠지만, 잘잘못을 배울 기회조차 없었던 아이이니 심한 벌은 주지 말라고 이른다. 혹시라도 Anne이 굶을까 봐 걱정하는 Matthew에게 Marilla는 이 일은 자기가 알아서 할 테니 참견하지 말라고 역정을 낸다. Mariila는 식사를 마치면 쟁반 가득 먹을 것을 담아서 다락방으로 올라갔지만, 시간이 지나도 거의 그대로 남아 있는 음식들을 들고 내려오기 일쑤였다. 보다 못한 Matthew는 Marilla가 방목장에 간 틈을 타서 2층으로 올라간다. 다락방 앞에서 몇 분이나 망설이던 Matthew는 용기를 내어 문을 두드리고 Anne이 있는 방 안을 들여다본다.

Day 07

앤의 사과

잘 먹지도 못하는 듯한 앤을 걱정하던 매슈가
한참을 고민하던 끝에 앤의 방문을 두드립니다.
매슈는 완고한 앤의 마음을 돌리고 일을 해결할 수 있을까요?

앤은 창가 옆 노란 의자에 앉아 슬픔에 잠겨서 정원을 내다보고 있었다. 그 모습이 너무나 작고 가여워 보여서 마음이 너무 아팠다. 매슈는 슬그머니 문을 닫고 살금살금 앤에게 다가갔다.

"앤." 누가 들을까 조심스러운 듯 매슈가 나지막이 말했다. "좀 어떠니, 앤?"

앤이 힘없이 웃었다.

"괜찮아요. 상상을 많이 하고 있어요. 그게 시간을 보내는 데 도움이 되거든요. 물론 좀 외롭긴 해요. 하지만 외로운 거에 익숙해지는 게 나을 거 같아요."

앤이 다시 웃었다. 자기 앞에 놓인 길고 긴 고독한 감금 생활을 용감하게 마주하겠다는 듯한 웃음이었다.

매슈는 마릴라가 금방 돌아올지도 모르니 지체하지 말고 자신이 왜 다락방에 왔는지 말해 줘야겠다고 생각했다. "있잖아, 앤. 마릴라가 시키는 대로 하고 얼른 끝내 버리는 게 낫지 않겠니?" 매슈가 말했다. "언제가 됐든 해야 하는 일이잖니. 마릴라는

Anne's Apology

smite (사람에게) 엄청난 고통을 주다 wanly 힘없이 imprisonment 감금
have it over with 끝내다 smooth over (원만히) 해결하다
goneness 지쳐 버린 상태 resignedly 체념한 듯이 repent 뉘우치다

Anne was sitting on the yellow chair by the window gazing mournfully out into the garden. Very small and unhappy she looked, and Matthew's heart smote him. He softly closed the door and tiptoed over to her.

"Anne," he whispered, as if afraid of being overheard, "how are you making it, Anne?"

Anne smiled wanly.

"Pretty well. I imagine a good deal, and that helps to pass the time. Of course, it's rather lonesome. But then, I may as well get used to that."

Anne smiled again, bravely facing the long years of solitary imprisonment before her.

Matthew recollected that he must say what he had come to say without loss of time, lest Marilla return prematurely. "Well now, Anne, don't you think you'd better do it and have it over with?" he whispered. "It'll have to be done sooner or

마음먹으면 물러나는 법이 없어. 정말 단호한 사람이야, 앤. 얼른 해 버리렴. 그러니까 내 말은, 빨리 끝내 버리렴."

"레이첼 아주머니(린드 부인)한테 사과하라는 말씀이세요?"

"그래, 사과… 사과 말이야." 매슈가 간절하게 말했다. "말하자면 원만하게 마무리하자는 거야. 그게 내가 하려던 말이란다."

"그게 아저씨를 위한 일이라면 할 수 있을 거 같아요." 앤이 생각에 잠겨 말했다. "제가 미안하다고 말한다면 그건 충분히 사실이에요. 지금도 미안하니까요. 어젯밤에는 하나도 미안하지 않았어요. 어젠 정말 화가 났었고, 밤새도록 화가 나서 미치는 줄 알았어요. 밤에 세 번이나 깼는데, 그때마다 부글거린걸요. 그런데 오늘 아침이 되니까 괜찮더라고요. 더는 화가 나지 않는 거예요. 그냥 완전히 지친 느낌이에요. 제 자신이 부끄럽기도 해요. 그렇지만 레이첼 아주머니께 가서 잘못했다고 말씀드리는 건 생각할 수 없었어요. 너무 창피하잖아요. 저는 결심했어요. 그렇게 하느니 차라리 이 방에서 영원히 나가지 않겠다고요. 하지만 그래도… 아저씨를 위해서라면 뭐든 할게요. 정말로 제가 그러기를 바라신다면요…."

"그럼, 정말로 바라고말고. 앤 네가 없으니 아래층이 영 쓸쓸하단다. 가서 좋게 해결하렴. 그래야 착한 아이지."

later, you know, for Marilla's a dreadful determined woman-dreadful determined, Anne. Do it right off, I say, and have it over."

"Do you mean apologize to Mrs. Lynde?"

"Yes-apologize-that's the very word," said Matthew eagerly. "Just smooth it over so to speak. That's what I was trying to get at."

"I suppose I could do it to oblige you," said Anne thoughtfully. "It would be true enough to say I am sorry, because I am sorry now. I wasn't a bit sorry last night. I was mad clear through, and I stayed mad all night. I know I did because I woke up three times and I was just furious every time. But this morning it was over. I wasn't in a temper anymore-and it left a dreadful sort of goneness, too. I felt so ashamed of myself. But I just couldn't think of going and telling Mrs. Lynde so. It would be so humiliating. I made up my mind I'd stay shut up here forever rather than do that. But still-I'd do anything for you-if you really want me to-"

"Well now, of course I do. It's terrible lonesome downstairs without you. Just go and smooth things over- that a good girl."

"좋아요." 앤이 체념한 듯이 대답했다. "마릴라 아주머니가 오시는 대로 뉘우쳤다고 말씀드릴게요."

"Very well," said Anne resignedly. "I'll tell Marilla as soon as she comes in I've repented."

💬 다시 한번 Matthew 아저씨의 진가(?)가 드러나는 장면입니다. Matthew 아저씨는 작품 전반에 두드러지게 등장하지는 않지만, 한번 모습을 보일 때마다 묵직한 감동을 선사합니다.

옳지 않은 일을 했다는 것을 알려 주고 싶었던 Marilla는 Anne이 사과하겠다고 마음을 바꾸기 전까지 방에서 나오지 말라고 했습니다. 하지만 그날 저녁에도, 그다음 날 아침 식사 시간에도 Anne이 보이지 않으니 Matthew에게 설명할 수밖에 없었죠. 'Marilla told Matthew the whole story, taking pains to impress him with a due sense of the enormity of Anne's behavior.(마릴라는 앤의 행동의 심각성을 강조하기 위해서 애를 쓰며 매슈에게 자초지종을 말했다.)' 이렇게 Anne이 아주 심각한 잘못을 했음을 부각합니다.

Matthew는 "I reckon she ought to be punished a little. But don't be too hard on her, Marilla. Recollect she hasn't ever had anyone to teach her right.(나도 앤이 벌은 조금 받아야 한다고 생각해. 그래도 너무 심한 벌은 주지 마, 마릴라. 그 아이에게 잘잘못을 가르쳐 줄 사람이 없었다는 걸 기억해.)"라고 말합니다. 마릴라가 원하는 대답이 아니었다는 것만은 분명해 보이는데요, Matthew는 "You're-you're going to give her something to eat, aren't you?(그런데… 앤한테 뭐라도 먹을 걸 주긴 할 거지?)"라는 말까지 덧붙여 Marilla의 기분을 상하게 합니다. Marilla는 자신이 아이의 사정은 고려하지 않고 매몰차게 대할까 봐 지레 걱정하는 Matthew의 태도가 영

맘에 들지 않았던 겁니다. 'Marilla carried a well-filled tray to the east gable and brought it down later on not noticeably depleted.(마릴라는 쟁반 가득 음식을 담아 동쪽 다락방으로 가져다 주었고, 시간이 지나서 거의 줄지 않은 채로 가지고 내려왔다.)' 이 모습을 보며 Matthew의 걱정이 깊어집니다.

Marilla가 집을 비운 사이 Matthew는 Anne을 설득해 보기로 합니다. 본문에 'Very small and unhappy she looked, and Matthew's heart smote him.(앤의 모습이 너무나 작고 가여워 보여서 마음이 너무 아팠다.)' 이렇게 표현된 것처럼, Anne의 초췌한 모습이 Matthew의 마음을 아프게 합니다. Marilla에게 말한 바 있듯이, 'She hasn't ever had anyone to teach her right.(그 아이에게 잘잘못을 가르쳐 줄 사람이 없었다.)'란 사실을 마음 깊이 느끼고 있는 Matthew로서는 Anne이 더욱 가엾게 느껴졌을 테지요. 그래서인지 Matthew는 'apologize(사과하다)'라는 단어를 먼저 언급하지 않습니다. 대신 "Don't you think you'd better do it and have it over with?(마릴라가 시키는 대로 하고 얼른 끝내 버리는 게 낫지 않겠니?)"라며 'have over' 즉, 그냥 끝내 버리라고 말합니다. 하기 싫은 일이지만 어차피 해야 하니까 얼른 해치워 버리라는 말처럼 들립니다. Anne은 가서 잘못을 말하고 용서를 구하는 이 구체적인 'apologize'의 행동이 내키지 않을 거라는 걸 이해하고 있는 Matthew의 모습이지요. Anne이 묻고 나서야 겨우 "Yes-apologize-that's the very word.(그래, 사과… 사과 말이야.)"

이렇게 대답할 뿐입니다. Matthew의 진심은 Anne에게 그대로 가 닿았고, Anne은 순순히 "I'd do anything for you-if you really want me to-.(아저씨를 위해서라면 뭐든 할게요. 정말로 제가 그러기를 바라신다면요….)"라고 대답하며 Matthew의 진심에 보답합니다.

Mattew는 아이의 감정을 세심히 배려하며 조심스럽게 다가갑니다. 기차역에서 처음 Anne을 만나서 어쩌지 못하고 집으로 돌아오면서 "Well now, I-I don't know exactly.(글쎄다, 나는… 잘 모르겠구나.)", "Well now, I dunno.(글쎄다, 잘 모르겠구나.)"라는 대답만 반복하며 쉴 새 없이 재잘거리는 Anne의 말을 들어 주던 모습을 기억하시지요? 그 대답은 귀찮아서 대충 얼버무린 대답이 아니라 그저 한마디 한마디가 조심스러웠던 것이고, 아이를 진심으로 대하고 싶은데 방법을 잘 몰랐던 것입니다.

Anne은 자신을 있는 그대로 봐 주는 Matthew 아저씨에게 "I'd do anything for you(아저씨를 위해서라면 뭐든 할게요)"라고 말하며 진심으로 아끼는 사람을 위해 내키지 않은 일도 할 수 있는 사랑을 배워 갑니다.

*Write a favorite sentence

Marilla는 Lynde 부인에게 사과하겠다는 Anne을 데리고 그녀의 집으로 간다. Anne은 내색하지 않았지만 약간 들뜬 모습이다. Marilla는 그런 모습이 탐탁지 않았지만, Lynde 부인 앞에 선 순간 들떠 있는 Anne의 모습은 감쪽같이 사라지고 애처롭게 반성하는 태도로 바뀐다.

Anne의 한마디 한마디는 진심이 틀림없었지만, Anne은 어딘가 모르게 이 굴욕적인 상황을 즐기는 듯한 모습이다. 그다지 통찰력이 뛰어나지 않은 Lynde 부인은 Anne이 진심으로 사과를 했다고 여기고 사과를 받아들였다. Marilla와 둘이서만 이야기를 나눌 기회가 오자, Lynde 부인은 아이가 유별나기는 해도 사람의 마음을 끄는 구석이 있다며 마음에 들어 한다. 집으로 돌아오는 길에 Marilla는 Anne이 사과하던 장면이 떠올라 자꾸만 웃음이 나면서도, 연기하듯이 사과를 건네는 건 옳지 않다고 말하며 감정을 잘 다스리면 좋겠다고 타이른다.

한편, Marilla는 Anne을 위한 옷을 세 벌 만들어 Anne에게 건넨다. 모양이 전부 비슷하고 허리선이 밋밋했으며 소매도 단순했다. 깔끔하고 단정한 새 옷을 보고도 시큰둥해하던 Anne은 망설이다가 셋 중 한 벌이라도 요즘 유행하는 퍼프 소매였으면 좋았겠다고 말하고, Marilla는 그런 건 허영에 불과하다고 Anne의 바람을 일축한다. 다음 날 아침 두통이 심해서 Anne과 함께 주일학교에 갈 수 없게 된 Marilla는 어떻게 해야 하는지 일러 준다. 밋밋한 모자가 맘에 들지 않았던 Anne은 가는 길에 꽃을 모아 둥근 화관을 만들어서 모자를 장식한다. Avonlea (에이번리)의 여자아이들은 이미 Anne에 대해 떠도는 희한한 소문을 익히 들어 알고 있었다. 아이들은 남다른 머리 장식을 하고 그들 사이로 뛰어든 Anne을 쳐다보며 수군거렸고, 아무도 먼저 다정하게 다가오지 않는다.

　Anne이 처음 간 주일학교에서 잘하고 왔는지 궁금한 Marilla는 Anne이 돌아오자마자 이것저것 묻는다. 설교나 기도, 주일학교에 대한 Anne의 솔직한 대답에 Marilla는 꾸짖어야 한다는 생각이 들면서도 몇 가지는 부인할 수 없는 사실이라 선뜻 입을 열지 못한다.

　Marilla는 며칠이 지나서야 Anne이 교회에 꽃모자를 쓰고 갔다는 사실을 알게 된다. Marilla는 스스로를 우스꽝스럽게 만들지 말고 다른 여자애들처럼 행동하라고 당부한다. 그러면서 오늘 오후에 Barry 부인 에게 치마 견본을 빌리러 갈 생각인데, 같이 가서 Diana를 만나고 오는 게 좋겠다고 제안한다. 그 소식을 들은 Anne은 혹시라도 Diana가 자신을 맘에 들어 하지 않을까 봐 잔뜩 긴장한다. Marilla는 Diana의 엄마에게만 실수하지 않으면 된다고 안심시키고 Barry 부인의 집에 Anne을 데리고 간다.

엄숙한 맹세와 약속

생애 처음으로 친구라는 존재를 만나러 가면서
앤은 잔뜩 긴장합니다.
다이애나는 앤과 마음의 친구가 될 수 있을까요?

"아아, 다이애나." 앤이 이윽고 두 손을 꼭 마주 잡고 거의 속삭이다시피 말했다. "넌… 나를 조금이라도 좋아할 수 있을 것 같아? 절친한 친구가 될 만큼?"

다이애나가 웃었다. 다이애나는 말을 하기 전에 늘 웃었다.

"음, 그럴 것 같아." 다이애나가 솔직하게 대답했다. "네가 초록지붕 집에서 살게 되어서 얼마나 기쁜지 몰라. 함께 놀 친구가 있으면 정말 즐거울 거야. 여긴 가까이에 같이 놀 여자아이들이 없거든. 여동생들도 아직 어리고."

"영원히 내 친구가 되어 준다고 맹세해 줄래?" 앤이 간절하게 말했다.

다이애나는 깜짝 놀란 듯 보였다.

"저주는 나쁜 거잖아." 다이애나가 나무라듯이 말했다.

"아, 그게 아니야. 두 가지 뜻이 있잖아."

"난 한 가지밖에 모르는걸." 다이애나가 미심쩍게 말했다.

"정말 한 가지가 더 있어. 이건 전혀 나쁜 게 아니야. 그냥 엄숙히 서약하고 약속한다는 뜻이야."

A Solemn Vow and Promise

jolly 즐거운 bosom friend 절친한 친구 rebuke 책망하다, 나무라다
doubtfully 미심쩍게 solemnly 엄숙하게 oath 맹세
fore and aft 앞과 뒤에 a kindred spirit 마음 맞는 사람

"Oh, Diana," said Anne at last, clasping her hands and speaking almost in a whisper, "oh, do you think you can like me a little-enough to be my bosom friend?"

Diana laughed. Diana always laughed before she spoke.

"Why, I guess so," she said frankly. "I'm awfully glad you've come to live at Green Gables. It will be jolly to have somebody to play with. There isn't any other girl who lives near enough to play with, and I've no sisters big enough."

"Will you swear to be my friend forever and ever?" demanded Anne eagerly.

Diana looked shocked.

"Why it's dreadfully wicked to swear," she said rebukingly.

"Oh no, not my kind of swearing. There are two kinds, you know."

"I never heard of but one kind," said Diana doubtfully.

"There really is another. Oh, it isn't wicked at all. It just

"그렇구나. 그런 거라면 괜찮아." 다이애나가 안심이라는 듯 말했다. "어떻게 하는 건데?"

"손을 잡아야 돼. 이렇게." 앤이 진지하게 말했다. "원래는 흐르는 물 위에서 해야 하는데, 우린 그냥 이 길이 흐르는 물이라고 상상하자. 내가 먼저 맹세할게. 나는 해와 달이 있는 한, 마음의 친구인 다이애나 배리에게 충실할 것을 엄숙히 맹세합니다! 자, 이제 네가 내 이름을 넣어서 말하면 돼."

다이애나가 웃으며 '맹세'를 했고, 맹세를 마치고 또 웃었다. 그리고 말했다.

"넌 참 특이한 아이야, 앤. 네가 특이하다는 말은 들었어. 그렇지만 난 네가 정말 좋아질 거 같아."

마릴라와 앤이 집으로 돌아갈 때 다이애나는 통나무 다리까지 배웅했다. 두 소녀는 서로 팔짱을 끼고 걸었다. 개울에 이르러 둘은 내일 오후에 다시 만나자는 약속을 수없이 주고받으며 헤어졌다.

"그래, 다이애나랑은 마음이 통하는 사이일 거 같든?" 마릴라가 초록 지붕 집의 정원으로 들어서며 물었다.

"네, 그럼요." 앤은 마릴라가 비꼬는 말투로 묻는지도 모른 채로 행복에 겨워 한숨을 내뱉었다. "마릴라 아주머니, 지금 이 순간은 프린스 에드워드 섬에서 제가 제일 행복한 아이예요."

means vowing and promising solemnly."

"Well, I don't mind doing that," agreed Diana, relieved. "How do you do it?"

"We must join hands-so," said Anne gravely. "It ought to be over running water. We'll just imagine this path is running water. I'll repeat the oath first. I solemnly swear to be faithful to my bosom friend, Diana Barry, as long as the sun and moon shall endure. Now you say it and put my name in."

Diana repeated the 'oath' with a laugh fore and aft. Then she said:

"You're a queer girl, Anne. I heard before that you were queer. But I believe I'm going to like you real well."

When Marilla and Anne went home Diana went with them as far as the log bridge. The two little girls walked with their arms about each other. At the brook they parted with many promises to spend the next afternoon together.

"Well, did you find Diana a kindred spirit?" asked Marilla as they went up through the garden of Green Gables.

"Oh yes," sighed Anne, blissfully unconscious of any sarcasm on Marilla's part. "Oh Marilla, I'm the happiest girl on Prince Edward Island this very moment."

💬 드디어 Anne과 Diana가 만났습니다. 어렸을 적 《빨강 머리 앤》 만화를 본 기억이 있다면 Diana의 얼굴도 금방 떠올릴 수 있을 거예요. Anne과 확연히 대비되는 양 갈래로 땋아 올린 검은 머리, 통통하고 예쁜 얼굴, 그리고 차분한 말씨가 떠오르지요. 이 둘의 우정이 시작되는 순간이 바로 이 장면입니다.

둘은 서로를 만나기 전부터 서로에 대해 들은 바가 있었습니다. Anne은 "Diana is a very pretty little girl. She has black eyes and hair and rosy cheeks. And she is good and smart, which is better than being pretty.(다이애나는 아주 예쁜 아이란다. 눈하고 머리는 까맣고 볼은 장밋빛이지. 착하고 똑똑하기까지 하니, 그게 예쁜 것보다 더 좋은 점이란다.)"라는 Marilla의 말로 Diana를 먼저 만났고, 그때부터 엄청난 기대에 부풀어 있었습니다. Diana 역시 Anne에 대해 들은 얘기가 있었습니다. 서로의 사정을 속속들이 알고 지내는 작은 동네에서 어느 날 갑자기 빨간 머리에 주근깨투성이인 여자아이가 Cuthbert 남매의 집에서 살게 되었는데, Lynde 부인에 버금가는 호기심이 없다고 해도 모두가 알게 되는 건 시간 문제이지요.

Anne이 처음으로 교회와 주일학교에 참석하는 장면에서 어떤 사람들이 Anne에 대한 소문을 퍼뜨렸는지 설명된 바 있습니다.

'Avonlea little girls had already heard queer stories about Anne. Mrs. Lynde said she had an awful temper; Jerry Buote, the hired boy at Green Gables, said she talked all the time to herself or to the trees and flowers like a crazy girl.(에이번리 여자아이들은 앤에 대한 희한한 소문들을 벌써 들어서 알고 있었다. 린드 부인은 앤이 성미가 고약하다고 했고, 초록 지붕 집에서 일하는 제리 부트는 앤이 미친 아이처럼 하루 종일 혼자 중얼거리거나 나무와 꽃들이랑 얘기를 나눈다고 했다.)'

왜 Diana가 오늘 장면에서 "I heard before that you were queer.(네가 특이하다는 말은 들었어.)"라는 말을 했는지 이해가 됩니다.

이런 둘이 만나 'be a bosom friend(둘도 없는 절친한 친구가 되자)'란 맹세를 합니다. 이 모든 건 'queer(특이한)'하다고 소문 난 Anne의 주도로 이루어지죠. 이때 서로 알고 있는 'swear'의 의미가 달라 해프닝이 벌어지기도 합니다. Diana는 'swear'를 '저주하다, 욕하다'란 뜻으로만 알고 있었고, Anne은 '맹세하다'란 뜻도 있음을 알고 있었죠. 이들의 이런 귀여운(?) 맹세와 선서는 어디에서 이루어졌나요? Barry 씨네 정원입니다. 이 맹세 장면 바로 앞에 정원을 묘사한 부분이 있는데요, 'bleeding-hearts(금낭화)', 'peonies(작약)', 'narcissi(수선화)' 등 꽃과 풀의 이름이 열 개도 넘게 등장합니다. Barry 씨네가 가꾸는 화려한 정원을 보여 줌과 동시에 이 둘의 앞날을 축복하는 느낌도 줍니다. 또한, 작가가 얼마나 꽃과 풀에 지대한 관심이 있었는지도 알 수 있지요. Diana의 "I believe I'm going to like you real well.(난 네가 정말 좋아질 거 같아.)"이라는 말도 앞으로 이 둘의 관계를 짐작하게 해 줍니다.

친구와의 우정을 소중히 여길 시기에 만난 Anne과 Diana. 비록 Marilla는 조금은 비꼬듯이 "Well, did you find Diana a kindred spirit?(그래, 다이애나랑은 마음이 통하는 사이일 거 같든?)" 하고 물었지만, "I'm the happiest girl on Prince Edward Island this very moment.(지금 이 순간은 프린스 에드워드 섬에서 제가 제일 행복한 아이예요.)"라고 대답하며 친구 하나로 세상을 다 가진 듯 벅차하는 Anne의 마음이 책장 너머까지 전해집니다. Anne의 곁에 소중한 사람들이 하나둘씩 늘고 있습니다.

*Write a favorite sentence

_____

_____

Anne은 집으로 돌아오며 Marilla에게 내일 Diana와 만나서 자작나무 숲에 놀이 집을 만들기로 한 거며, Diana가 읽을 책을 빌려주고 노래도 가르쳐 주고, Anne의 방에 걸어 둘 그림을 주겠다고 한 이야기들을 전해 준다. 그러면서 자기도 Diana에게 줄 것이 있으면 좋겠다고 한다. 그런 Anne에게 Marilla는 온종일 놀기만 할 수는 없으니, 할 일을 먼저 해 놓고 그다음에 놀 것을 당부한다.

Carmody(카모디)에 다녀온 Matthew는 Marilla의 눈치를 살피며 주머니에서 작은 꾸러미를 꺼내 Anne에게 건넨다. Anne이 좋아한다기에 가져온 초콜릿이다. Anne은 행복해하며 받아 들고서는 오늘 밤엔 한 개만 먹고, 반은 Diana에게 주겠다고 한다. Marilla는 그런 Anne을 보며 인색하지 않은 모습이 마음에 든다고 말한다. 집에 온 지 3주밖에 되지 않았는데 처음부터 같이 살았던 것 같고, Matthew의 말대로 저 아이를 키우기로 한 건 정말 잘한 듯싶다는 말도 하며 Anne에 대한 마음이 점점 커지고 있음을 내비친다.

어느덧 8월, 밖에 나간 Anne이 바느질하러 들어올 시간인데 모습이 보이지 않는다. Anne은 Diana랑 놀다가 Marilla가 돌아오라고 말한 시간보다 30분이나 늦게 와서는, 할 일이 있다는 걸 알면서도 장작더미 위에 앉아 Matthew에게 쉴 새 없이 떠들고 있다. Marilla는 Matthew가 그걸 잠자코 듣고만 있는 모습을 보고 혼자 답답해한다. 여러 번 창문을 두드리며 들어오라고 말하니 Anne이 한걸음에 달려온다. 오자마자 Anne은 다음 주에 주일학교에서 소풍을 간다는 소식을 전하며 들떠 있다.

Day 09

기대하는 즐거움

주일학교 소풍 소식에 한껏 들뜬 앤.
한 번도 가 본 적이 없는 소풍을 벌써 손꼽아 기다립니다.
그런데 앤이 걱정하는 게 있네요. 그게 뭘까요?

"시계를 좀 보거라, 앤. 내가 몇 시까지 들어오라고 했지?"

"2시요. 하지만 소풍이라니, 너무 신나지 않나요, 아주머니? 저도 가도 되죠? 제발요. 전 한 번도 소풍을 가 본 적이 없거든요. 꿈을 꾼 적은 있지만 가 본 적은…"

"그래, 내가 2시까지 들어오라고 했다. 그런데 지금은 2시 45분이야. 왜 내 말을 어겼는지 듣고 싶구나, 앤."

"그게, 저도 최대한 지키려고 했어요. 하지만 '한적한 숲'이 얼마나 아름다운지 모르실 거예요. 그리고 매슈 아저씨께도 소풍 얘기를 해야 했고요. 매슈 아저씨는 정말 얘기를 잘 들어 주세요. 저도 가도 될까요?"

"넌 한적한 그 뭔가 하는 그게 아름다워도 참는 걸 배워야 해. 내가 몇 시에 들어오라고 하면, 그건 30분 늦게 오라는 말이 아니라 그 시간에 맞춰서 오라는 얘기야. 그리고 오는 길에 말을 잘 들어 주는 사람과 얘기를 나누려고 멈추는 일도 하면 안 되고. 소풍이라면 당연히 가도 좋아. 너도 주일학교 학생이고, 다른

The Delights of Anticipation

a sympathetic listener 남의 이야기를 잘 들어 주는 사람 falter 머뭇거리다
prey on one's mind 뇌리에서 떠나지 않다 cast oneself on ~에 몸을 맡기다
rapturously 뛸 듯이 기뻐하며 sallow 혈색이 안 좋은 brusquely 무뚝뚝하게

"Just look at the clock, if you please, Anne. What time did I tell you to come in?"

"Two o'clock-but isn't it splendid about the picnic, Marilla? Please can I go? Oh, I've never been to a picnic-I've dreamed of picnics, but I've never-"

"Yes, I told you to come at two o'clock. And it's a quarter to three. I'd like to know why you didn't obey me, Anne."

"Why, I meant to, Marilla, as much as could be. But you have no idea how fascinating Idlewild is. And then, of course, I had to tell Matthew about the picnic. Matthew is such a sympathetic listener. Please can I go?"

"You'll have to learn to resist the fascination of Idle-whatever-you-call-it. When I tell you to come in at a certain time I mean that time and not half an hour later. And you needn't stop to discourse with sympathetic listeners on your way, either. As for the picnic, of course you can go. You're

아이들도 다 가는데 너만 못 가게 할 리는 없으니까."

"그런데… 그런데…" 앤이 머뭇거렸다. "다이애나가 그러는데요, 다른 아이들은 전부 바구니에 먹을 것을 담아 온대요. 전 요리를 못하잖아요, 마릴라 아주머니. 그리고… 그리고… 퍼프 소매 옷을 안 입고 소풍 가는 건 괜찮은데, 바구니 없이 가면 창피해서 견딜 수 없을 거 같아요. 다이애나한테 그 얘기를 들은 뒤로 계속 신경이 쓰여요."

"그렇다면 더는 걱정하지 말아라. 음식은 내가 만들어 주마."

"아, 감사합니다, 아주머니. 아, 아주머니는 제게 참 잘해 주세요. 정말 고맙습니다."

계속해서 '아' 하고 감탄하던 앤은 뛸 듯이 기뻐하며 마릴라의 팔에 안기더니 혈색 없는 마릴라의 볼에 입을 맞췄다. 아이가 먼저 와서 마릴라의 얼굴에 입을 맞춘 건 평생 처음 있는 일이었다. 놀랍도록 다정한 느낌이 갑자기 확 전해져서 마릴라는 황홀했다. 앤의 충동적인 입맞춤에 속으로 말할 수 없이 기뻤는데, 아마 그래서 무뚝뚝하게 말이 나온 듯했다.

a Sunday-school scholar, and it's not likely I'd refuse to let you go when all the other little girls are going."

"But-but," faltered Anne, "Diana says that everybody must take a basket of things to eat. I can't cook, as you know, Marilla, and-and-I don't mind going to a picnic without puffed sleeves so much, but I'd feel terribly humiliated if I had to go without a basket. It's been preying on my mind ever since Diana told me."

"Well, it needn't prey any longer. I'll bake you a basket."

"Oh, you dear good Marilla. Oh, you are so kind to me. Oh, I'm so much obliged to you."

Getting through with her 'ohs' Anne cast herself into Marilla's arms and rapturously kissed her sallow cheek. It was the first time in her whole life that childish lips had voluntarily touched Marilla's face. Again that sudden sensation of startling sweetness thrilled her. She was secretly vastly pleased at Anne's impulsive caress, which was probably the reason why she said brusquely.

😊 에이번리 마을에 어느 정도 적응하고 친구도 사귄 데다가, 집에만 있기엔 아까운 8월입니다. Marilla 아주머니가 몇 시까지 들어오라고 했는지 알면서도 발길을 뗄 수 없는 Anne, 그런 Anne 때문에 답답한 Marilla 아주머니의 이야기가 재미있게 그려져 있습니다. 이 장면의 앞부분에 자신의 답답한 속은 모르고 하염없이 Anne의 이야기를 재미있게 듣고 있는 Matthew를 보며 Marilla는 "He's listening to her like a perfect ninny. I never saw such an infatuated man. The more she talks and the odder the things she says, the more he's delighted evidently.(오라버니는 바보같이 앤 얘기를 듣고만 있네. 저렇게 얼빠진 남자는 본 적이 없다니까. 앤이 이상한 얘기들을 늘어놓으면 늘어놓을수록 더 재미있어한단 말이야.)"라며 툴툴댑니다. 집에는 들어올 생각도 않고 (평범한 어른의 기준에서는) 말도 안 되는 얘기들을 늘어놓는 Anne, 그런 얘기를 신나게 경청하는 Matthew, 그리고 그 둘을 보며 어이없어하는 Marilla, 이 세 사람의 모습을 상상하면 저절로 웃음이 터집니다. 그리고 이들이 점차 가족이 되어 가는 듯한 느낌이 들지요.

오늘은 특별히 더 Anne을 들뜨게 하는 소식이 있습니다. 바로 주일학교에서 소풍을 가게 된 것인데요, 한 번도 소풍을 가 보지 못한 Anne에게는 정말 '황홀한' 일이 아닐 수 없습니다. 소풍의 장소가 'Idlewild'라고 하는데요, Marilla가 제대로 이름을 얘기하지 못하고 'Idle-whatever-you-call-it(한적한 그 뭔가 하는)'이라고 말한 것으로 미루어 볼 때 정확한 명칭이 아님을 알 수 있지요. 이 장면의 뒤에 Anne의 설명이 나옵니다.

"It belongs to Mr. William Bell, and right in the corner there is a little ring of white birch trees-the most romantic spot, Marilla. Diana and I have our playhouse there. We call it Idlewild. Isn't that a poetical name? I assure you it took me some time to think it out.(윌리엄 벨 아저씨네 땅인데요, 그 땅 한쪽 구석에 하얀 자작나무로 동그랗게 에워싸인 곳이 있어요. 정말 낭만적인 곳이에요, 아주머니. 다이애나랑 제가 거기에 놀이 집도 지었어요. 거기가 '한적한 숲'이에요. 정말 시적인 이름이죠? 그 이름을 생각하는 데 시간이 좀 걸렸어요.)"

Anne이 소풍 이야기 끝에 걱정을 내비치는데요, 바로 'a basket(도시락 바구니)' 때문이었습니다. Anne은 "I'd feel terribly humiliated if I had to go without a basket.(바구니 없이 가면 창피해서 견딜 수 없을 거 같아요.)"이라고 할 정도로 크게 걱정하고 있었는데, Marilla가 "Well, it needn't prey any longer. I'll bake you a basket.(그렇다면 더는 걱정하지 말아라. 음식은 내가 만들어 주마.)"이라고 대답하며 Anne의 걱정을 단숨에 날려 줍니다. 이 말을 들은 Anne은 마음 깊은 곳이 따뜻하게 채워지는 기분이 아니었을까요? Marilla가 Anne에게 준 사랑은 Anne의 입맞춤으로 이어지고 Marilla는 'That sudden sensation of startling sweetness thrilled her.(놀랍도록 다정한 느낌이 갑자기 확 전해져서 마릴라는 황홀했다.)'라며 말할 수 없이 기뻐합니다. 하지만 이런 느낌을 처음 느껴 보는 Marilla는 어색한 기분을 떨쳐 내려고 애써 무뚝뚝하게 대답을 하지요.

Marilla의 보살핌은 Anne에게도 좋은 일이지만, Marilla 역시 평생 느껴 본 적 없는 아이에게서 받는 순수한 사랑을 경험합니다. 누군가에게 사랑을 주는 건 상대를 위한 일이기도 하지만 나에게도 값진 선물이라는 걸 생각하게 하는, 여운이 짙게 남는 오늘 장면입니다.

*Write a favorite sentence

Anne은 Marilla 옆에 앉아서 Diana와는 무엇을 하고 노는지, 어느 장소에 가서 시간을 보내는지 등 계속해서 이런저런 이야기를 쏟아 낸다. 혹시라도 날씨가 좋지 않아서 소풍을 가지 못하게 되면 실망감을 견디기 힘들고, 평생의 슬픔으로 남을 거라는 말도 한다. Marilla의 부탁으로 잠시 말을 쉬었지만, Anne은 그 주 내내 소풍 얘기를 하고 소풍 생각을 하고 소풍 꿈을 꾼다. Marilla는 그런 Anne을 보면서 모든 일에 너무 온 마음을 쏟다가 실망할 일이 많을까 봐 걱정한다. 하지만 Anne은 바라던 결과를 얻지 못한다고 해도 기대할 때의 즐거움은 아무도 막을 수 없고, 실망하는 것보다 아무 기대도 하지 않는 게 더 나쁘다고 생각한다고 대답한다.

Anne과 함께 교회에 가는 날, Marilla는 여느 때처럼 자수정 브로치를 꽂고 간다. Marilla는 교회에 갈 때면 항상 자신이 가장 소중하게 여기는 자수정 브로치를 단다. Anne은 그 브로치를 보자마자 홀딱 반해서 감탄을 쏟아 내며 만져 봐도 되는지 묻는다.

드디어 기다리던 소풍을 앞둔 월요일 저녁, Marilla가 불편한 얼굴로 자기 방에서 나와 Anne에게 어제저녁 교회에 다녀와서 자수정 브로치를 바늘꽂이에 꽂아 둔 것 같은데 온데간데없다면서 혹시 보지 못했는지 묻는다. Anne은 아주머니가 오후에 봉사회에 갔을 때 방 앞을 지나가다가 브로치가 바늘꽂이에 있는 게 보여서 들어가 봤다고 조심스레 얘기한다. Marilla는 곧바로 혹시 그 브로치를 만졌는지 묻고, Anne은 어떻게 보일지 너무 궁금해서 가슴에 달아 봤지만, 곧바로 빼서 탁자에 그대로 올려놓았다고 대답한다. Marilla는 다른 사람의 물건에 손대는 건 좋지 않은 행동이라고 말하고, Anne은 나쁜 행동인지 몰랐다고 하면서 다시는 그러지 않겠다고 한다.

Marilla는 아무리 찾아봐도 탁자에 브로치가 없다고 말하면서, Anne에게 가지고 가거나 어떻게 한 게 아닌지 묻는다. Anne은 분명히 그 자리에 두었다고 재차 말한다. Marilla는 마지막으로 만진 사람은 Anne이라고 하며 거짓말을 하지 말고 사실대로 말하라고 재촉하지만, Anne은 한 번 만져 본 게 전부라는 말만 한다. 그 말을 반항하는 거라고 느낀 Marilla는 솔직하게 말할 마음이 들 때까지 방에서 나오지 말라고 명령한다.

소풍을 갈 수 있는지 Anne이 묻자 Marilla는 사실대로 말하기 전까지는 갈 수 없다고 단호하게 말한다. 고민 끝에 Anne은 사실대로 말하겠다고 하며 자수정 브로치가 호수에 빠진 스토리를 얘기하지만, 뉘우치는 기색이 전혀 보이지 않는 Anne을 괘씸히 여긴 Marilla는 Anne을 소풍에 보내지 않겠다고 한다. 사실대로 말하면 소풍을 갈 수 있다고 생각했던 Anne은 몹시 좌절한다.

Day 10

앤의 고백 1

자수정 브로치를 가져갔다고 말했는데도
소풍에 갈 수 없게 된 앤이 많이 절망하고 있습니다.
밥도 먹지 않겠다고 하는 앤, 어쩌면 좋을까요?

우울한 아침이었다. 마릴라는 일에만 매달렸다. 그러다가 할 일을 다 하자 현관 바닥과 우유 짜는 선반까지 박박 문질러 닦았다. 선반도, 현관도 그렇게 닦을 필요가 없었지만 마릴라는 그렇게 했다. 그런 다음 밖으로 나가 갈퀴로 뜰을 청소했다. 점심 준비를 끝내고 마릴라는 계단참에서 앤을 불렀다. 눈물 자국으로 얼룩진 얼굴에, 비참한 표정을 한 앤이 난간 아래를 내려다봤다.

"내려와 점심 먹어라, 앤."

"점심은 먹고 싶지 않아요, 아주머니." 앤이 훌쩍거리며 대답했다. "아무것도 먹을 수가 없어요. 마음이 너무 아파요. 아주머니도 언젠가는 양심의 가책을 느끼실 거예요. 제 마음을 아프게 하셨으니까요. 하지만 아주머니를 용서할게요. 때가 되면 아주머니를 용서해 드릴게요. 하지만 저한테 뭘 먹으라고는 하지 말아 주세요. 특히 삶은 돼지고기랑 채소 말이에요. 그 음식들은 고통에 빠졌을 때 먹기엔 너무 낭만적이지 않잖아요."

Anne's Confession #1

dismal 우울한 porch 현관 rake 갈퀴질을 하다 banister 난간 affliction 고통
tale of woe 넋두리, 하소연 rough 가혹한 be set on ~을 몹시 원하다
let someone off (가벼운 처벌로) ~를 봐주다 reiterate 반복하다

That was a dismal morning. Marilla worked fiercely and scrubbed the porch floor and the dairy shelves when she could find nothing else to do. Neither the shelves nor the porch needed it-but Marilla did. Then she went out and raked the yard. When dinner was ready she went to the stairs and called Anne. A tear-stained face appeared, looking tragically over the banisters.

"Come down to your dinner, Anne."

"I don't want any dinner, Marilla," said Anne, sobbingly. "I couldn't eat anything. My heart is broken. You'll feel remorse of conscience someday, I expect, for breaking it, Marilla, but I forgive you. Remember when the time comes that I forgive you. But please don't ask me to eat anything, especially boiled pork and greens. Boiled pork and greens are so unromantic when one is in affliction."

몹시 화가 난 마릴라는 부엌으로 돌아가서 매슈에게 하소연했다. 매슈는 공정해야 한다는 생각과 앤이 측은한 마음 사이에서 어쩌면 좋을지 몰라서 곤혹스러웠다.

"글쎄다, 물론 저 아이가 브로치를 가져간다던가 거짓말을 하는 일은 하면 안 됐었지, 마릴라." 매슈는 자기 접시에 담긴 별로 낭만적이지 않은 삶은 돼지고기와 채소가 앤의 말처럼 마음이 속상할 때 어울리지 않는 음식이라도 되는 양 슬프게 바라보며 말했다. "하지만 아직 어린아이잖니. 엉뚱한 아이지. 그렇게 가고 싶어 하는데 소풍을 가지 못하게 하는 건 너무 가혹하다는 생각이 들지 않니?"

"매슈 오라버니, 정말 놀랍군요. 전 저 아이를 너무 쉽게 봐줬다고 생각해요. 게다가 저 애는 자기가 얼마나 나쁜 짓을 했는지 전혀 깨닫지도 못하고 있어요. 전 그게 제일 걱정이에요. 진심으로 뉘우치고 있다면 그나마 나았을 거예요. 오라버니 역시 깨닫지 못하고 있네요. 늘 저 아이의 처지를 대신 변명하잖아요. 전 알아요."

"글쎄다, 아직 어리니까." 매슈는 힘없이 같은 말을 반복했다. "봐주기도 해야 하고 말이야, 마릴라. 저 애는 교육 같은 걸 받아 본 적이 없잖아."

"그래서 지금 교육을 받고 있잖아요." 마릴라가 쏘아붙였다.

매슈는 입을 다물었지만, 그렇다고 마릴라의 말을 받아들이지는 않았다.

Exasperated, Marilla returned to the kitchen and poured out her tale of woe to Matthew, who, between his sense of justice and his unlawful sympathy with Anne, was a miserable man.

"Well now, she shouldn't have taken the brooch, Marilla, or told stories about it," he admitted, mournfully surveying his plateful of unromantic pork and greens as if he, like Anne, thought it a food unsuited to crises of feeling, "but she's such a little thing–such an interesting little thing. Don't you think it's pretty rough not to let her go to the picnic when she's so set on it?"

"Matthew Cuthbert, I'm amazed at you. I think I've let her off entirely too easy. And she doesn't appear to realize how wicked she's been at all–that's what worries me most. If she'd really felt sorry it wouldn't be so bad. And you don't seem to realize it, neither; you're making excuses for her all the time to yourself–I can see that."

"Well now, she's such a little thing," feebly reiterated Matthew. "And there should be allowances made, Marilla. You know she's never had any bringing up."

"Well, she's having it now," retorted Marilla.

The retort silenced Matthew if it did not convince him.

💬 순탄하게 흘러가던 Anne의 일상에 거센 파도가 몰아칩니다. Marilla는 자신이 아끼는 자수정 브로치가 사라지자 Anne이 만져 보고 난 후에 제자리에 두지 않았을 가능성에 무게를 둡니다. "Anne, the brooch is gone. By your own admission you were the last person to handle it. Now, what have you done with it? Tell me the truth at once. Did you take it out and lose it?(앤, 브로치가 없어졌어. 네 말대로 브로치를 마지막으로 만진 사람은 너야. 자, 브로치를 어떻게 했니? 당장 사실대로 말하렴. 가지고 나갔다가 잃어버렸니?)" 이런 질문으로 미루어 볼 때 Marilla는 Anne이 가져간 게 틀림없다고 생각하고 있음을 알 수 있지요. Anne이 솔직하게 말하지 않고 계속 잡아뗀다고 생각하는 Marilla는 급기야 "It's a fearful responsibility to have a child in your house you can't trust.(믿을 수 없는 아이를 집에 들인 책임이 참 무섭네.)"라는 생각까지 합니다.

다음 날 아침, Anne이 사실대로 말하겠다고 해서 기대를 하고 들었지만 'as if repeating a lesson she had learned(마치 수업 시간에 배운 내용을 외우듯이)' 말하는 Anne의 모습에 Marilla는 더 크게 실망하고 맙니다. "I believe the child is crazy. No child in her senses would behave as she does. If she isn't she's utterly bad. Oh dear, I'm afraid Rachel was right from the first.(저 아이가 미쳤나 봐. 제대로 된 아이라면 저렇게는 안 할 텐데. 미친 게 아니라면 정말 나쁜 아이지. 아, 이런. 레이첼이 처음 한 말이 맞았는지도 몰라.)" 이런 말까지 하는 걸 보니 Marilla의 실망감이 어느 정도인지 집작이 됩니다.

이들은 지금 'dinner(점심 식사)' 중인데요, 'dinner'는 '저녁 식사'를 뜻하지만, '하루의 주된 식사'를 뜻하기도 합니다. 또, '격식을 갖춘 식사'를 의미하기도 하지요. dinner 이후 오후 4~5시쯤 차와 간단한 다과를 먹었고 저녁은 간단히 먹고 잠자리에 들었습니다. 이는 영국의 문화였는데요, 초기 미국과 캐나다에서도 그 문화가 한동안 지속되었다고 합니다.

자수정 브로치 사건 장면은 Marilla와 Matthew의 감정선을 짙게 느낄 수 있는 장면이기도 합니다. 앞선 내용에 Marilla가 Matthew에게 "I can't imagine the place without her.(앤이 없는 집은 상상이 안 되네요.)"라고 말하는 부분이 있었죠. 아이를 돌려보내지 않기를 잘했다는 생각을 하고 있었는데, 이번 사건이 이런 Marilla의 마음을 흔들어 놓은 거지요. 소풍을 보내지 않겠다는 Marilla의 생각 역시 변함이 없습니다. Anne은 세상이 무너지는 듯한 좌절감에 점심 식사도 거부합니다. 하지만 Anne은 "You'll feel remorse of conscience someday, I expect, for breaking it, Marilla, but I forgive you.(아주머니도 언젠가는 양심의 가책을 느끼실 거예요. 제 마음을 아프게 하셨으니까요. 하지만 아주머니를 용서할게요.)"라고 Marilla 아주머니의 가혹한 처사를 원망하면서도 용서하겠다고 말합니다. 손꼽아 기다려 온 생애 첫 소풍이 무산될 지경에 처해도 자신이 하고 싶은 말은 똑 부러지게 하는 Anne입니다.

Lynde 부인에게 화를 냈다가 한동안 방에서 나오지 않았던 Anne을 바깥으로 나오게 한 Matthew였는데요, 자수정 브로치 사건은 어떤 마음으로 지켜봤을까요? 오늘 본문에서는 Matthew의 마음을 'Matthew, between his sense of justice and his unlawful sympathy with Anne, was a miserable man.(매슈는 공정해야 한다는 생각과 앤이 측은한 마음 사이에서 어쩌면 좋을지 몰라서 곤혹스러웠다.)'이라고 자세히 묘사하고 있습니다. 하소연하는 Marilla에게 Matthew는 "she's such a little thing.(아직 어린아이잖니.)"이라는 말을 반복하고, "You know she's never had any bringing up.(저 애는 교육 같은 걸 받아 본 적이 없잖아.)"이라고 덧붙이며 Anne에게 너무나 가혹한 벌을 주지는 않았으면 하는 마음을 내비칩니다.

제대로 된 교육을 받지 못한 Anne에게 가르침을 받을 준비가 되도록 시간을 주자는 Matthew와, 무엇이 잘못인지 확실히 깨닫게 하고 넘어가야 한다고 생각하는 Marilla. 그리고 자신이 할 수 있는 모든 일을 하고서도 소풍에 갈 수 없게 되자 자포자기하며 우는 Anne. 이들의 갈등은 과연 어떻게 봉합이 될까요? 서둘러 다음 장으로 넘어가 봅시다.

*Write a favorite sentence

Marilla와 Matthew의 대화 이후 모인 점심 식사 분위기는 침울하다. 일꾼인 Jerry만 신이 났을 뿐이다. 하지만 Marilla는 그런 Jerry의 태도가 마치 자신을 놀리는 듯이 여겨져서 화가 치민다.

설거지를 하고 빵 반죽을 만들고 닭 모이를 주고 난 Marilla의 머릿속에 문득 무엇이 떠오른다. 월요일 오후에 부녀자 봉사회에서 돌아와 가장 좋아하는 검정 레이스 숄을 벗어 놓다가 조금 찢어진 부분을 발견했던 게 기억이 난다. Marilla는 숄을 수선하려고 방으로 올라간다. 숄은 트렁크 가방 안 상자에 있었다. 숄을 꺼내 드니 창가에 드는 햇살 사이로 무언가 반짝이는 게 있다. 레이스 올에 걸린 채 매달려 있는 것은 바로 자수정 브로치였다!

Day 11

앤의 고백 2

숄에 걸려 있는 자수정 브로치를 발견한 마릴라는
이 일을 어떻게 해결할까요?
앤은 고대하던 소풍을 갈 수 있을까요?

"세상에!" 마릴라가 멍하니 말했다. "이게 뭐람? 여기에 이렇게 브로치가 그대로 멀쩡하게 있잖아. 배리 씨네 연못 바닥에 있는 줄 알았는데. 그럼 저 아이가 이걸 가지고 가서 잃어버렸다는 건 무슨 말이지? 초록 지붕 집이 마술에 걸린 게 틀림없어. 이제야 기억이 나네. 내가 월요일 오후에 숄을 벗어서 탁자 위에 잠깐 뒀었지. 그때 브로치가 숄에 걸린 거구나. 이런!"

마릴라는 브로치를 손에 들고 동쪽 다락방으로 갔다. 앤은 한바탕 울고 나서 맥없이 창가에 앉아 있었다.

"앤 셜리." 마릴라가 엄하게 앤을 불렀다. "방금 내 검정 레이스 숄에서 브로치를 찾았단다. 자, 이제 말해 보렴. 오늘 아침에 왜 네가 그런 장황한 이야기를 꾸며냈는지 말이다."

"아주머니께서 제가 고백하기 전에는 이 방에서 나올 수 없다고 하셔서요." 앤이 지친 듯이 대답했다. "그래서 고백하기로 결심한 거예요. 소풍은 꼭 가고 싶었거든요. 어젯밤에 자려고 누워서 고백할 말을 생각했어요. 할 수 있는 한 최대한 흥미롭게요. 그리고

Anne's Confession #2

sound 손상되지 않은, 이상 없는 bureau 탁자 betake 가다(문예체)
dejectedly 맥없이 rigmarole 복잡한 이야기 be bound to 틀림없이 ~할 것이다
inspite of oneself 자기도 모르게 prick 찌르다 start square 원점으로 돌리다

"Dear life and heart," said Marilla blankly, "what does this mean? Here's my brooch safe and sound that I thought was at the bottom of Barry's pond. Whatever did that girl mean by saying she took it and lost it? I declare I believe Green Gables is bewitched. I remember now that when I took off my shawl Monday afternoon I laid it on the bureau for a minute. I suppose the brooch got caught in it somehow. Well!"

Marilla betook herself to the east gable, brooch in hand. Anne had cried herself out and was sitting dejectedly by the window.

"Anne Shirley," said Marilla solemnly, "I've just found my brooch hanging to my black lace shawl. Now I want to know what that rigmarole you told me this morning meant."

"Why, you said you'd keep me here until I confessed," returned Anne wearily, "and so I decided to confess because I was bound to get to the picnic. I thought out a confession

잊어버리지 않으려고 몇 번을 되뇌었어요. 하지만 결국 소풍을 허락하지 않으셔서, 제 노력이 헛수고가 되어 버렸어요."

마릴라는 자기도 모르게 웃음이 나왔다. 하지만 양심에 찔렸다.

"넌 정말 모두를 놀라게 하는구나! 하지만 내가 잘못했다. 이제 알겠어. 네가 거짓말하는 것을 본 적이 없을 때는 네 말을 의심하지 말았어야 했는데. 물론 네가 하지도 않은 일을 했다고 말하는 것 역시 옳은 일은 아니야. 그것도 큰 잘못이란다. 하지만 내가 그렇게 몰아간 거지. 그러니 앤, 네가 나를 용서하면 나도 너를 용서하마. 그리고 다시 처음부터 시작해 보자꾸나. 그럼 이제 소풍 갈 준비를 해야지."

앤이 로켓처럼 뛰어올랐다.

"아, 아주머니, 너무 늦지 않았을까요?"

"아니다, 이제 두 시인걸. 아직 다 모이지도 않았을 테고, 한 시간은 더 있어야 간식 시간일 거야."

last night after I went to bed and made it as interesting as I could. And I said it over and over so that I wouldn't forget it. But you wouldn't let me go to the picnic after all, so all my trouble was wasted."

Marilla had to laugh in spite of herself. But her conscience pricked her.

"Anne, you do beat all! But I was wrong-I see that now. I shouldn't have doubted your word when I'd never known you to tell a story. Of course, it wasn't right for you to confess to a thing you hadn't done-it was very wrong to do so. But I drove you to it. So if you'll forgive me, Anne, I'll forgive you and we'll start square again. And now get yourself ready for the picnic."

Anne flew up like a rocket.

"Oh, Marilla, isn't it too late?"

"No, it's only two o'clock. They won't be more than well gathered yet and it'll be an hour before they have tea."

💬 가끔 우리 머릿속은 희한한 방식으로 작동합니다. 잊고 있던 일이 불현듯 떠오를 때가 있지요. Anne의 처벌에 대해 의견이 엇갈렸던 Marilla와 Matthew는 침울하게 점심을 먹습니다. 이런저런 할 일을 하고 나서 Marilla는 갑자기 검정 레이스 숄을 벗을 때 찢어진 부분이 있었다는 게 기억납니다. 그 기억이 아니었다면 그 순간에 숄을 들여다볼 일은 없었겠지요. 그런데 Marilla의 눈에 먼저 들어온 건 찢어진 부분이 아니라 올에 걸려 있는 자수정 브로치였습니다. 브로치가 없어지자 Anne의 잘못으로 결론을 내리고, 알지도 못하는 아이를 맡기로 한 자신의 경솔함을 탓하기도 했던 Marilla는 심정이 어땠을까요?

'생애 첫 소풍'이라는 기회를 놓칠 수 없었던 Anne은 "I thought out a confession last night after I went to bed and made it as interesting as I could.(어젯밤에 자려고 누워서 고백할 말을 생각했어요. 할 수 있는 한 최대한 흥미롭게요.)" 이렇게 자신이 이야기를 만들어 냈다고 말합니다. 심지어는 "I said it over and over so that I wouldn't forget it.(잊어버리지 않으려고 몇 번을 되뇌었어요.)"이라며 반복해서 연습도 했다고 하네요.

'얼마나 소풍이 가고 싶으면 그랬을까?'라고 생각할 수도 있지만, 《빨강 머리 앤》작품 속에서 주인공 Anne은 항상 말이 많습니다. 그냥 수다스러운 게 아니고 자수정 브로치 사건처럼 하나의 완성된 이야기의 형태로 전달하기도 하고, 아름다운 풍경을 보면서 감상을 읊기도 하지요. Anne이 자수정 브로치가 어떻게 하다가 호수에 빠졌는지 이야기하는 장면은 마치 연극에서 배우의 독백을 보는 듯합니다. 이런 Anne의 모습은 작품 전반에 걸쳐서 나타나고, 마치 이야기 속의 이야기처럼 작품 안에 다양한 이야기들이 겹겹이 존재하는 느낌을 줍니다. 작가는 독자들을 《빨강 머리 앤》이라는 작품에 초대하고, 그 작품 속 주인공인 Anne은 자신의 다양한 이야기 속으로 독자들을 다시 한번 초대하고 있습니다.

솥에 매달려 있는 브로치를 보고 할 말을 잃은 Marilla는 Anne에게 자초지종을 듣고, 'Marilla had to laugh in spite of herself.(마릴라는 자기도 모르게 웃음이 나왔다.)' 이렇게 Anne의 엉뚱함에 웃어 버리고 맙니다. Marilla는 Anne에게 하지도 않은 일을 그럴싸하게 꾸며 말한 것은 잘못이라고 알려 주지만, 아이가 그렇게 말할 수밖에 없도록 몰고 간 자신에게 더 큰 잘못을 묻습니다. 그리고 "So if you'll forgive me, Anne, I'll forgive you and we'll start square again.(그러니 앤, 네가 나를 용서하면 나도 너를 용서하마. 그리고 다시 처음부터 시작해 보자꾸나.)"이라며 서로를 용서하고 새로운 마음으로 시작하자고 합니다. 'start square(원점으로 돌리다)'라는 말은 Anne이 그동안 어떻게 지냈고 어떤 아이로 살았든 의심과 불신이 아닌 책임감 있는 사랑으로 아이를 대하겠다는 Marilla의 다짐이기도 합니다.

지금 이 상황에 딱 들어맞는 말은 '전화위복'이 아닐까요? 자수정 브로치 사건은 Marilla와 Anne이 서로를 향한 신뢰를 다지는 좋은 계기가 되었습니다. 그리고 Anne에 대한 Matthew의 믿음과 사랑이 다시 한번 보답받는 기회이기도 했지요. Anne이 브로치를 만졌고, 심지어는 가지고 놀다가 호수에 빠뜨렸다고 알고 있었을 때조차도 Matthew는 신중했습니다. Anne의 행동에 대해 판단을 내리기보다는, 옳고 그름을 배울 기회가 없었던 Anne의 성장 배경을 헤아리며 아이에게 도움이 되어 주겠다는 처음의 마음을 잃지 않았습니다. 이야기의 흐름 속에서는 요란하지 않고 조용한 Matthew지만, 작품이 주는 감동의 중심에 늘 크게 자리하고 있는 인물임을 알 수 있습니다.

그리하여 Anne은 그토록 바라던 소풍에 갈 수 있게 되었습니다. 소풍에 가라는 Marilla의 말에 'Anne flew up like a rocket.(앤이 로켓처럼 뛰어올랐다.)'이라는 묘사에서 보듯 Anne은 뛸 듯이 기뻐합니다. Marilla가 준비해 준 도시락 바구니를 들고 그 어느 때보다 기쁜 마음으로 소풍에 갈 Anne의 모습을 상상하며 Anne과 함께 행복한 웃음을 지어 봅니다.

*Write a favorite sentence

_____

_____

소풍에서 돌아온 Anne은 피곤한 기색이 역력했지만, 말로 표현할 수 없이 행복해 보였다. Anne은 배를 타다가 Jane이 물에 빠질 뻔한 일, 아이스크림을 먹은 일 등 재미있었던 일들을 Marilla에게 종알종알 이야기한다. 그날 저녁 Marilla는 Matthew에게 자신이 실수했음을 인정한다. 자수정 브로치를 어떻게 해서 잃어버리게 되었는지 말하고, Anne이 털어놓은 '고백'을 생각하면 자꾸만 웃음이 난다고 한다. 또 한 가지 확실한 건, Anne이 있는 한 따분할 틈이 없을 거라고 말한다.

9월이 되고, Anne은 드디어 학교에 가게 된다. Anne과 Diana가 학교로 걸어가는 길은 예뻤다. Anne은 Diana와 함께 학교를 오가며 걷는 그 길이 상상 속에서도 이보다 더 멋지지는 않으리라 생각한다. 반면 Marilla는 학교로 향하는 Anne을 보며 속으로 걱정이 이만저만이 아니다. Anne은 유별난 아이인데 다른 아이들과 잘 지낼 수 있을지, 수업 시간에는 어떻게 입을 다물고 있을지 걱정한다. 하지만 학교에 간 첫날, Anne은 Marilla의 걱정과 달리 순탄하게 잘 지내고 온다. 돌아와서 Anne은 친구들과 기가 막히게 재미있는 놀이도 했고, 같이 놀 수 있는 여자아이들이 많다고 하며 만족스러워한다. 모두 5학년 과정을 배우는데 혼자만 4학년 과정을 배워서 조금 창피하지만, 상상력만큼은 자기가 제일 뛰어난 듯하다고 말한다.

그렇게 3주가 흘렀고, Anne과 Diana는 여느 때처럼 경쾌하게 자작나무 길을 걸으며 학교로 향한다. Diana는 아주 잘생기고 여자애들한테 못된 장난도 잘 치는 짓궂은 아이인 Gilbert Blythe를 소개하며, 사촌을 만나러 갔던 그 아이가 오늘 학교에 돌아온다고 알려 준다. 오늘부터 같은 반인데 요양하는 아버지를 따라서 Alberta(앨버타)에 간 동안 학교에 다니지 못하는 바람에 열네 살인데도 이제 4학년 과정을 배우게 되었다고 한다. 늘 1등을 하던 아이지만, 이제부터는 쉽지 않을 거라는 말도 덧붙인다. 교실에서 만난 갈색 머리 Gilbert는 Anne의 눈에는 그저 장난기 가득한 아이일 뿐이다.

사건은 그날 오후에 일어난다. Phillips 선생님이 교실 뒤쪽 구석에서 Prissy Andrews에게 대수학 문제를 열심히 설명하는 동안, 학생들은 각자 하고 싶은 대로 사과를 먹거나 재잘거리는 중이다. Gilbert는 Anne이 자기 쪽을 보게 하려고 애썼지만, 번번이 실패한다. Anne은 그 순간 Gilbert뿐만 아니라 에이번리 학교에 있는 그 누구도 전혀 안중에 없다. Anne은 창밖을 바라보며 먼 환상의 세계로 가 있어서 아무것도 보이지도, 들리지도 않는다.

Day 12

학교에서 일어난 대소동 1

처음 만난 앤의 눈길을 끌고 싶은 길버트.
하지만 앤은 좀처럼 관심을 보이지 않는데요,
길버트는 어떻게 앤이 자신을 쳐다보게 할까요?

길버트 블라이드는 여자아이가 자기를 쳐다보게 하려고 애를 쓰다가 실패하는 일에 익숙하지 않았다. 갸름한 턱에 에이번리 학교에 있는 다른 여자아이들의 눈과는 다른 큰 눈을 지닌 빨강 머리인 셜리라는 아이. 그 아이도 당연히 먼저 자기를 쳐다봐야 했다.

길버트는 통로를 가로질러 팔을 뻗어서 길게 땋아 내린 앤의 빨강 머리의 끝을 잡고 쭉 잡아당기면서 새된 소리로 속삭였다.

"홍당무! 홍당무!"

그제야 앤이 맹렬한 눈길로 길버트를 쳐다봤다!

쳐다보기만 한 게 아니었다. 앤이 벌떡 일어섰다. 앤의 상상의 세계는 돌이킬 수 없이 산산이 조각났다. 분노로 이글거리며 길버트를 쳐다보던 앤의 눈에서 이내 화는 사라지고 눈물이 맺혔다.

"이 비열하고 나쁜 놈아!" 앤이 격한 목소리로 외쳤다. "어떻게 그런 말을!"

A Tempest in the School Teapot #1

put oneself out 특별히 애쓰다 piercing 새된 with a vengeance 맹렬히
spring to one's feet 벌떡 일어서다 quench (감정 등을) 누그러뜨리다
tableau 광경 pay heed to ~에 주의를 기울이다 vindictive 앙심을 품은

Gilbert Blythe wasn't used to putting himself out to make a girl look at him and meeting with failure. She should look at him, that red-haired Shirley girl with the little pointed chin and the big eyes that weren't like the eyes of any other girl in Avonlea school.

Gilbert reached across the aisle, picked up the end of Anne's long red braid, held it out at arm's length and said in a piercing whisper:

"Carrots! Carrots!"

Then Anne looked at him with a vengeance!

She did more than look. She sprang to her feet, her bright fancies fallen into cureless ruin. She flashed one indignant glance at Gilbert from eyes whose angry sparkle was swiftly quenched in equally angry tears.

"You mean, hateful boy!" she exclaimed passionately. "How dare you!"

그런 다음 '퍽!' 하는 소리가 났다. 앤이 석판으로 길버트의 머리를 내리쳤고, 깔끔하게 두 동강이 났다. 머리가 아니고 석판이.

에이번리 학생들은 늘 이런 소동을 좋아했다. 이번 소동은 특히나 더 흥미로운 사건이었다. 모든 아이가 깜짝 놀라면서도 신나서 "와!" 하고 탄성을 질렀다. 다이애나는 말문이 턱 막혔다. 감정을 조절하는 게 어려운 루비 길리스는 울음을 터뜨렸다. 토미 슬론은 경주를 벌이던 귀뚜라미가 모두 도망치든 말든 입을 떡 벌린 채 그 광경을 지켜봤다.

필립스 선생님은 통로로 성큼성큼 걸어오더니 앤의 어깨에 한쪽 손을 털썩 얹었다.

"앤 셜리, 이게 무슨 짓이냐?" 선생님이 화가 난 목소리로 물었다. 앤은 아무 대답도 하지 않았다.

평범한 아이에 불과한 앤이 전교생 앞에서 자신이 '홍당무'라는 말을 들었다고 말하기를 기대하는 건 무리였다. 용기를 낸 건 길버트였다.

"제 잘못이에요, 필립스 선생님. 제가 앤을 놀렸어요."

필립스 선생님은 길버트의 말에는 신경도 쓰지 않았다.

"내 학생 중에 이렇게 성질을 부리고 보복하려는 모습을 보이는 아이가 있다니 유감이구나." 필립스 선생님이 근엄한 목소리로 말했다. 마치 자신의 학생이라면 누구든, 어리고 불완전한 마음속에 있는 악하고 나쁜 감정들을 뿌리 뽑아야 한다는 듯한 목소리였다.

And then-thwack! Anne had brought her slate down on Gilbert's head and cracked it-slate not head-clear across.

Avonlea school always enjoyed a scene. This was an especially enjoyable one. Everybody said "Oh" in horrified delight. Diana gasped. Ruby Gillis, who was inclined to be hysterical, began to cry. Tommy Sloane let his team of crickets escape him altogether while he stared open-mouthed at the tableau.

Mr. Phillips stalked down the aisle and laid his hand heavily on Anne's shoulder.

"Anne Shirley, what does this mean?" he said angrily. Anne returned no answer.

It was asking too much of flesh and blood to expect her to tell before the whole school that she had been called 'carrots.' Gilbert it was who spoke up stoutly.

"It was my fault Mr. Phillips. I teased her."

Mr. Phillips paid no heed to Gilbert.

"I am sorry to see a pupil of mine displaying such a temper and such a vindictive spirit," he said in a solemn tone, as if the mere fact of being a pupil of his ought to root out all evil passions from the hearts of small imperfect mortals.

☺ Anne의 일상이 초록 지붕 집을 벗어나 확장되기 시작했습니다. 9월이 되어서 학교에 가게 된 것이지요. 몇 주간 Anne과 지내면서 Anne의 다듬어지지 않은 부분을 알고 있는 Marilla는 학교에서 Anne이 다른 아이들과 잘 어울릴 수 있을지 걱정합니다. 걱정과 달리 순탄하게 흘러가나 싶던 Anne의 학교생활은 Gilbert Blythe의 등장으로 다채로워집니다. 오늘 장면은 그 유명한 '석판 두 동강' 사건이죠. 서로 잘 알지 못하는데 이 사건이 벌어지는 바람에, Anne과 Gilbert는 작품의 거의 마지막까지 우호적이 아닌 팽팽한 긴장감이 흐르는 관계로 대립하게 됩니다.

여느 때처럼 Diana와 Anne은 자신들이 좋아하는 예쁜 길을 따라 종알거리며 학교에 갑니다. Diana가 오늘은 Gilbert Blythe가 학교에 돌아오는 날이라고 하면서, "He's AWFULLY handsome, Anne. And he teases the girls something terrible. He just torments our lives out.(그 애는 정말 잘생겼어, 앤. 그리고 여자애들한테 심하게 장난을 쳐. 우리를 얼마나 괴롭히는지 몰라.)" 이라는 말로 Gilbert를 소개하죠. Diana는 Gilbert가 짓궂기만 한 게 아니라 "he's used to being head of his class, I can tell you.(길버트가 반에서 줄곧 1등이었어.)"라며 공부도 잘하는 아이라고 합니다. 게다가 가만히 있어도 여자애들이 앞다퉈 시선을 끌어보려고 하는 학생입니다. 'Gilbert Blythe wasn't used to putting himself out to make a girl look at him and meeting with failure.(길버트 블라이드는 여자아이가 자기를 쳐다보게 하려고 애를

쓰다가 실패하는 일에 익숙하지 않았다.)'란 문장을 보면 여자애들 사이에서 Gilbert의 인기가 어느 정도였는지 가늠할 수 있지요.

그런데 새로 왔다는 'Anne Shirley'라는 아이는 자신에게 눈길도 주지 않습니다. 짓궂고 호기심 많은 남자아이가 다른 사람의 시선을 끄는 방법은 이것뿐이었을까요? Gilbert는 'reached across the aisle, picked up the end of Anne's long red braid, held it out at arm's length(통로를 가로질러 팔을 뻗어서 길게 땋아 내린 앤의 빨강 머리의 끝을 잡고 쭉 잡아당겼다)' 이렇게 Anne의 땋은 머리를 잡아당기면서 Anne에게는 너무도 잔인한 단어를 내뱉고 맙니다. "Carrots! Carrots!(홍당무! 홍당무!)"라고 말이지요.

앞서 Lynde 부인을 처음 만나는 장면에서 자신의 머리 색에 대한 Anne의 불만을 언급한 적이 있습니다. 유난히 빨간 머리카락, 거기에 더해 못생긴 외모를 더 도드라져 보이게 하는 주근깨 가득한 얼굴은 Anne의 성장 배경, 그리고 Anne의 내면의 자존감과 연결되어 있습니다. 있는 그대로 사랑받은 적이 없는 Anne은 자신의 외모에서 맘에 들지 않는 부분이 다른 사람에 의해 건드려지면 참지 못하는 모습을 보입니다. 한창 외모에 민감할 나이이긴 하지만, Anne이 Lynde 부인에게 보인 반응은 히스테리에 가까운 모습이지요. 오늘은 Gilbert라는 아이가 Anne의 아킬레스건을 건드렸고, 아직 감정을 조절하는 게 미숙한 Anne의 분노는 넘치다 못해 'She flashed one indignant glance at

Gilbert from eyes whose angry sparkle was swiftly quenched in equally angry tears.(분노로 이글거리며 길버트를 쳐다보던 앤의 눈에서 이내 화는 사라지고 눈물이 맺혔다.)' 이렇게 눈물이 되어 흐릅니다. 그리고 결국 'Anne had brought her slate down on Gilbert's head and cracked it-slate not head-clear across.(앤이 석판으로 길버트의 머리를 내리쳤고, 깔끔하게 두 동강이 났다. 머리가 아니고 석판이.)' 이렇게 극단적으로 나타나고 맙니다.

무슨 일인지 묻는 선생님의 질문에 Anne은 대답조차 하지 못합니다. '홍당무'라는 말은 사실 Anne의 귀에만 들렸지만, 마치 모두가 다 들은 듯한 수치심을 느꼈기 때문이지요. 그리고 선생님이 준 벌을 받으면서 Anne은 또 한 번 모든 학생들 앞에서 자존심을 구기게 됩니다.

이렇게 요란하게 등장한 걸 보니, Gilbert는 아주 중요한 인물임이 틀림없습니다. Gilbert와 Anne은 앞으로 어떻게 지내게 될까요?

*Write a favorite sentence

_____

_____

Phillips 선생님은 Anne에게 나머지 시간 동안 칠판 앞 교단에 서 있으라는 벌을 준다. 그리고 Anne의 머리 위 칠판에 수치심이 드는 문구를 적어서 전교생이 다 볼 수 있도록 한다. Anne은 그렇게 오후 내내 글씨 아래에 서 있으면서 Gilbert에게는 눈길도 주지 않고, 다시는 그 애를 거들떠보지도 않고 말도 걸지 않겠다고 다짐한다. 수업이 끝나고 학교를 걸어 나오는데 Gilbert가 현관문 앞에서 Anne을 막아서려고 하면서 깊이 뉘우치는 목소리로 사과하지만, Anne은 들은 척도 않고 쳐다보지도 않은 채 무시하고 지나간다. Diana는 Gilbert가 다른 여자애들도 다 그렇게 놀린다고 하면서 그 애가 한 말은 신경 쓰지 말라고 하지만, Gilbert를 절대 용서하지 않겠다는 Anne의 생각은 확고하다.

다음 날, Phillips 선생님은 반 분위기를 잡아야겠다고 생각한다. 점심을 먹으러 교실을 나가면서 자신이 돌아올 때까지 모두 자리에 앉아 있으라고 말하고, 늦게 오는 사람에게는 벌을 주겠다고 한다. 점심시간에 종종 Bell 씨네 목초지 건너에 있는 가문비나무 숲에서 송진을 모으는 것을 즐기는 학생들은 선생님의 엄포를 의식하고 오늘은 '한 번 먹을 만큼'만 가져오겠다고 마음을 단단히 먹었지만, 숲에 마음을 뺏기고 만다. 가문비나무 위에서 Jimmy가 선생님이 오신다고 외치는 소리를 듣고 나서야 아이들은 황급히 달리기 시작했고, 아슬아슬하게 교실에 들어와 앉는다. 선생님은 교실에 늦게 돌아온 아이들 여러 명을 혼내자니 귀찮았지만, 자신이 한 말을 지키는 모습은 보여야 할 듯한 생각이 든다. 누구를 불러 세울까 둘러보던 중 이제 막 들어와서 숨을 고르는, 머리가 엉망진창인 Anne이 눈에 들어온다. Phillips 선생님은 Anne을 엄하게 혼내면서 Anne에게 Gilbert의 옆자리에 앉으라고 한다. 그 말에 따르고 싶지 않았지만 어쩔 수 없다는 걸 깨달은 Anne은 Gilbert의 옆자리에 앉아서 팔에 얼굴을 묻고 엎드린 채 꼼짝도 하지 않는다.

수업이 끝나자 Anne은 자신의 물건을 모조리 챙겨 들고 학교를 나선다. 학교를 벗어나며 Diana가 조심스레 물었더니 Anne은 내일부터 학교에 가지 않겠다고 선언한다. Diana는 자기를 봐서라도 그러지 말라고 애원하지만, Anne은 도저히 그것만은 들어줄 수 없다고 하며 Phillips 선생님이 학교에 있는 한 학교에 가지 않을 거라고 단호히 말한다.

집으로 돌아온 Anne이 내일부터 학교에 가지 않겠다고 선언하자 Marilla는 말도 안 되는 소리라고 일축한다.

학교에서 일어난 대소동 2

필립스 선생님이 계시는 한
학교에 가지 않겠다고 고집하는 앤.
마릴라는 조언을 구하려고 린드 부인을 찾아갑니다.

마릴라는 앤의 작은 얼굴에 놀랄 만큼 완강한 고집스러움이 묻어 있음을 봤다. 그리고 그 고집을 꺾기는 어려울 거라 생각했다. 마릴라는 지혜롭게 그 순간에는 더 말하지 않기로 했다. '저녁에 레이첼에게 가서 이 문제를 상의해 봐야겠어.' 마릴라는 생각했다. '지금은 앤하고 말해 봐야 소용없겠어. 지금 감정도 너무 격해져 있고, 한번 마음먹으면 고집이 보통이 아니지. 앤의 이야기를 들어 보면 필립스 선생님도 문제를 너무 강압적으로 해결하신단 말이지. 그래도 앤한테는 아무 말 말아야지. 일단 레이첼하고 얘기를 해 봐야겠어. 아이를 열 명이나 학교에 보냈으니 뭔가 아는 게 있을 거야. 지금쯤이면 소식을 다 들었겠지.'

마릴라가 찾아갔을 때 린드 부인은 평소처럼 활기차고 부지런하게 이불을 누비고 있었다.

"내가 왜 찾아왔는지 대강 짐작할 거예요." 마릴라가 조금 멋쩍게 말을 꺼냈다.

A Tempest in the School Teapot #2

unyielding 완강한 be worked up (감정이) 격앙되다 make out 이해하다
with a high hand 강압적으로 shamefacedly 멋쩍게 humor 비위를 맞춰 주다
take part (with) ~의 편을 들다 take with ~에게 인기 있다

Marilla saw something remarkably like unyielding stubbornness looking out of Anne's small face. She understood that she would have trouble in overcoming it; but she resolved wisely to say nothing more just then. 'I'll run down and see Rachel about it this evening,' she thought. 'There's no use reasoning with Anne now. She's too worked up and I've an idea she can be awful stubborn if she takes the notion. Far as I can make out from her story, Mr. Phillips has been carrying matters with a rather high hand. But it would never do to say so to her. I'll just talk it over with Rachel. She's sent ten children to school and she ought to know something about it. She'll have heard the whole story, too, by this time.'

Marilla found Mrs. Lynde knitting quilts as industriously and cheerfully as usual.

"I suppose you know what I've come about," she said, a little shamefacedly.

린드 부인이 고개를 끄덕였다.

"학교에서 앤이 벌인 소동 때문이겠죠." 린드 부인이 대답했다. "틸리 볼터가 집에 가는 길에 여기 들러서 얘기해 줬어요."

"앤을 어떻게 하면 좋을지 모르겠어요." 마릴라가 말했다. "학교에 가지 않겠대요. 애가 그렇게 격앙된 건 처음 봐요. 학교에 보내면서 문제가 있을 수도 있다고 줄곧 생각은 했어요. 요즘 너무 아무 일 없이 잘 지나가기는 했죠. 지금은 앤이 너무 예민해져 있어요. 어떻게 하면 좋을까요, 레이첼?"

"글쎄요, 내 생각을 물어보니 말인데요, 마릴라." 린드 부인이 상냥하게 대답했다.-린드 부인은 누군가가 자신에게 조언을 구하는 걸 좋아했다.-"나라면 처음엔 좀 기분을 맞춰 줄 거 같아요. 나라면 그렇게 할 거예요. 난 필립스 선생님이 잘못했다고 봐요. 물론 아이들한테는 그렇게 얘기하면 안 되겠지만 말이죠. 어제 앤이 화를 이기지 못했다는 이유로 벌을 준 건 당연하다고 생각해요. 하지만 오늘 일은 다르죠. 늦게 온 다른 학생들도 앤하고 똑같이 벌을 받았어야 해요. 그런 데다가 벌이라고 여자아이와 남자아이를 같이 앉히다니, 말도 안 돼요. 좋은 방법이 아니죠. 틸리 볼터도 단단히 화가 났어요. 그 앤 완전히 앤 편이었고, 다른 아이들도 자기랑 생각이 같다고 하더군요. 왜 그런지는 몰라도 앤이 친구들 사이에선 인기가 좋은가 봐요. 그 아이가 친구들하고 그렇게 잘 지낼 줄은 정말 몰랐어요."

Mrs. Rachel nodded.

"About Anne's fuss in school, I reckon," she said. "Tillie Boulter was in on her way home from school and told me about it."

"I don't know what to do with her," said Marilla. "She declares she won't go back to school. I never saw a child so worked up. I've been expecting trouble ever since she started to school. I knew things were going too smooth to last. She's so high strung. What would you advise, Rachel?"

"Well, since you've asked my advice, Marilla," said Mrs. Lynde amiably-Mrs. Lynde dearly loved to be asked for advice-"I'd just humor her a little at first, that's what I'd do. It's my belief that Mr. Phillips was in the wrong. Of course, it doesn't do to say so to the children, you know. And of course he did right to punish her yesterday for giving way to temper. But today it was different. The others who were late should have been punished as well as Anne, that's what. And I don't believe in making the girls sit with the boys for punishment. It isn't modest. Tillie Boulter was real indignant. She took Anne's part right through and said all the scholars did too. Anne seems real popular among them, somehow. I never thought she'd take with them so well."

💬 Marilla도 소위 '학부모'가 됐습니다. '학교에서 문제를 일으키진 않을까?', '친구들과는 잘 지낼까?' 걱정하며 지내게 된 거지요. 한동안 조용하다 싶었는데, Anne이 갑자기 학교에 가지 않겠다고 하니 Marilla는 얼마나 당황스러웠을까요? Anne을 설득해 보려던 Marilla는 'she resolved wisely to say nothing more just then.(마릴라는 지혜롭게 그 순간에는 더 말하지 않기로 했다.)' 이렇게 침묵을 선택합니다.

Anne이 학교에 가게 되면서 독자들은 당시 이 지역의 '학교'라는 공간의 모습을 엿볼 수 있는데요, 각각 다른 학년 과정을 공부하는 학생들이 같은 교실에서 공부했음을 알 수 있습니다. 그뿐만 아니라, 작가가 학교에 다니던 시절에는 집의 사정에 따라 몇 주 혹은 몇 개월씩 학교에 보내지 않는 일이 비일비재했습니다. 하지만 작품 속 Matthew와 Marilla는 Anne이 원하기만 한다면 더 좋은 곳에서 공부할 수 있도록 지원을 아끼지 않습니다. Marilla가 Anne을 데리고 있기로 했다고 말하면서 Anne에게 "You must go to school.(학교도 가야지.)"이라는 말을 하기도 했었지요. 이렇듯 교육을 중요하게 생각하는 Marilla에게 Anne의 선언이 얼마나 충격적이었을지 짐작할 수 있습니다.

다행히 Marilla는 도움을 청할 사람이 있었습니다. 바로 Lynde 부인이지요. 평소에는 남의 일에 참견하기 좋아하는 사람이라며 영 탐탁지 않게 생각했지만, 지금 상황에서 Marilla가 'She's sent ten children to school and she ought to know something about it.(아이를 열 명이나 학교에 보냈으니 뭔가 아는 게 있을 거야.)' 이렇게 신뢰할 수 있는 사람은 Lynde 부인뿐인 듯합니다. 다른 사람의 일에 관심도 많지만, 조언해 주는 것 역시 좋아하는 Lynde 부인에게 Marilla의 방문은 귀찮기보다는 반가운 일이었습니다. 마치 자신을 찾아와 주기를 기다렸다는 듯이 상냥하게 "Well, since you've asked my advice, Marilla.(글쎄요, 내 생각을 물어보니 말인데요, 마릴라.)"라며 말문을 엽니다.

Lynde 부인은 "I'd just humor her a little at first, that's what I'd do.(나라면 처음엔 좀 기분을 맞춰 줄 거 같아요. 나라면 그렇게 할 거예요.)"라는 말을 가장 먼저 꺼내면서 아이를 열 명이나 키운 사람답게 아이의 입장을 잘 헤아리는 모습을 보입니다. 그리고 "The others who were late should have been punished as well as Anne.(늦게 온 다른 학생들도 앤하고 똑같이 벌을 받았어야 해요.)" 이라고 하면서 선생님이 규칙을 공정하게 적용하지 않았다는 의견도 말하죠. 작품의 첫 부분에서 묘사하고 있는 Lynde 부인의 모습, 그리고 Anne과의 첫 대면에서 보였던 직설적인 모습의 Lynde 부인은 온데간데없고, 사안을 객관적으로 바라보면서 조리 있게 자기 생각을 얘기하는 모습입니다.

이어지는 본문에서 Lynde 부인이 하는 "He'd never have got the school for another year if his uncle hadn't been a trustee-

THE trustee, for he just leads the other two around by the nose.(삼촌이 학교 이사가 아니었으면 올해 1년 더 학교에 있지도 못했을 거예요. 그 이사라는 삼촌이 다른 이사 두 명을 쥐고 흔들고 있어요.)"라던가, "I don't know what education in this Island is coming to.(지금 이 섬의 교육이 어떻게 흘러가고 있는 건지 모르겠어요.)"라는 말들은 그녀가 정치에 관심이 많은 인물임을 알려 주는 단서 중 하나입니다. Lynde 부인은 Marilla와 마찬가지로 얌전한 여성상을 중요시하고, 경마장에 가는 건 불건전하다고 여기는 등 기독교적 윤리에 바탕을 둔 보수적인 모습을 보이지만, 여성도 투표를 하고 정치에 참여해야 사회가 발전한다는 주장을 펴기도 합니다. 이 작품의 주요 인물을 소개할 때 주인공인 Anne, Marilla, Matthew, 중요 주변 인물인 Diana, Gilbert와 더불어 Lynde 부인을 빼놓을 수 없는 이유이기도 합니다.

비록 학교에서 소동은 있었지만 많은 이들이 Anne의 편에 서 있습니다. Marilla는 어떤 결정을 내릴까요? 이번엔 Lynde 부인의 말이 지나친 참견이 아니라 유용한 조언이 될 수 있을까요?

*Write a favorite sentence

Lynde 부인은 계속해서 말을 이어나간다. 일주일 정도 학교 얘기를 꺼내지 말고 그냥 두면 마음을 가라앉히고 스스로 학교에 돌아갈 마음이 들겠지만, 억지로 보내려고 하면 더 큰 문제를 만들 수도 있으니 별일 아닌 듯 대하라고 말한다. 또, Phillips 선생님의 교사로서의 자질, 학교 이사회와 관련한 문제들을 지적하며 교육에 대해 걱정한다.

Marilla는 Lynde 부인의 충고를 받아들이고 Anne에게 더 이상 학교에 가라는 말을 하지 않는다. Anne은 집에서 공부하면서 집안일을 거들었고, Diana를 만나서 놀며 저녁 시간을 보낸다.

어느덧 10월이 되고, Anne은 아름다운 10월을 맞이하며 한껏 들떠 있다. 하루는 Marilla가 카모디에 있는 봉사회에 가면서 Anne에게 Matthew의 차와 저녁 식사를 부탁한다. 그러면서 낮에 Diana를 불러서 놀아도 좋고, 과일 케이크와 쿠키도 먹어도 좋다고 한다. 그리고 식료품 저장실에 산딸기 주스도 있다고 알려 준다.

Anne은 한달음에 달려가서 Diana를 초대했고, Marilla가 카모디로 출발한 직후에 옷을 차려입은 Diana가 Anne의 집에 도착한다. 둘은 어른들이 초대를 받았을 때 하는 대로 점잖게 대화를 나누다가 과수원으로 달려가서 오후 시간을 보낸다. 그곳에 앉아 사과를 따 먹으면서 Diana는 학교 얘기를 늘어놓는다. Gilbert 얘기를 하려던 참에

Anne은 Diana에게 그만 집으로 돌아가서 산딸기 주스를 마시자고 한다.

    Anne은 Marilla가 일러 준 대로 식료품 저장실의 두 번째 선반을 봤지만, 산딸기 주스는 보이지 않는다. 이리저리 찾아보다가 선반 맨 위 안쪽에서 주스병을 발견했고, 그걸 꺼내서 Diana에게 가져간다. 큰 컵 가득 산딸기 주스를 따른 Diana는 우아하게 한 모금 마신다. Diana는 Lynde 부인의 산딸기 주스보다 훨씬 맛있다고 칭찬하며 큰 컵으로 가득 채워 석 잔이나 마신다.

    Anne은 Marilla 아주머니의 뛰어난 요리 솜씨와, 그런 아주머니께 요리를 배우면서 있었던 자신의 실수들을 길게 늘어놓는다. 그런데 갑자기 Diana가 비틀거리며 일어나더니 속이 너무 좋지 않아서 집에 가야겠다고 말한다. Anne은 Diana를 정식으로 초대했는데 차도 마시지 않은 채 보낼 수 없다고 애원하지만, Diana는 너무 어지럽다고 하면서 가야겠다는 말만 반복한다. Anne은 너무나 실망했지만, Diana를 바래다주고 돌아와서 눈물을 흘리며 Matthew와 Jerry가 마실 차를 준비한다.

    이튿날은 일요일이었고 비가 와서 내내 집에만 있다가, 월요일에

Lynde 부인에게 심부름을 갔던 Anne이 두 뺨 가득 눈물을 흘리며 돌아와 소파 위로 쓰러져 얼굴을 묻는다. 놀란 Marilla가 무슨 일인지 묻지만, Anne은 더 큰 소리로 서럽게 울기만 할 뿐이다.

Day 14

다이애나를 초대했지만 비극으로 끝나다

배리 부인이 단단히 화가 나서 앞으로
다이애나와 함께 놀 수 없다는 소식을 듣고 앤은 슬퍼하고 절망합니다.
그런 앤에게 마릴라가 자초지종을 묻습니다.

마릴라는 기가 막혀서 넋을 잃고 앤을 쳐다봤다.

"다이애나를 취하게 하다니!" 마릴라가 목소리를 가다듬고 물었다. "앤, 네가 정신이 나간 게냐 배리 부인이 이상한 게냐? 다이애나한테 도대체 뭘 준 게야?"

"산딸기 주스 말고는 없어요." 앤이 흐느껴 울었다. "저는 산딸기 주스가 사람을 취하게 하는지 정말로 몰랐어요, 아주머니. 다이애나가 큰 컵으로 석 잔을 마셨다고 말이에요. 아, 마치… 마치… 이렇게 말하니까 꼭 토마스 아주머니 남편 같네요! 하지만 전 정말로 다이애나를 취하게 하려던 게 아니에요."

"취하다니, 말도 안 돼!" 마릴라가 대답하면서 거실 식료품 저장실로 걸어갔다. 그곳 선반에 병이 하나 있었는데 마릴라는 그게 자신이 직접 담근 3년 된 포도주라는 걸 즉시 알아봤다. 배리 부인처럼 종교적으로 더 엄격한 몇몇 사람들은 집에서 포도주를 담그는 걸 강력하게 반대했지만, 마릴라의 포도주는 에이번리에서 유명했다. 포도주병을 보자 마릴라는 앤에게 산딸기 주스가 식료품 저장실에 있다고 했는데, 여기가 아니라 지하 저장고에 둔 사실이

Diana Is Invited to Tea With Tragic Results

in blank amazement 기막혀서   cordial 코디얼(과일 주스로 만들어 물을 타 마시는 단 음료)
tumblerful 큰 컵 한 잔(의 양)   sitting room 거실, 응접실   celebrated 유명한
disapprove 못마땅해하다   twitch 실룩거리다   hospitable 환대하는

Marilla stared in blank amazement.

"Set Diana drunk!" she said when she found her voice. "Anne are you or Mrs. Barry crazy? What on earth did you give her?"

"Not a thing but raspberry cordial," sobbed Anne. "I never thought raspberry cordial would set people drunk, Marilla-not even if they drank three big tumblerfuls as Diana did. Oh, it sounds so-so-like Mrs. Thomas's husband! But I didn't mean to set her drunk."

"Drunk fiddlesticks!" said Marilla, marching to the sitting room pantry. There on the shelf was a bottle which she at once recognized as one containing some of her three-year old homemade currant wine for which she was celebrated in Avonlea, although certain of the stricter sort, Mrs. Barry among them, disapproved strongly of it. And at the same time Marilla recollected that she had put the bottle of

떠올랐다.

　마릴라는 포도주병을 들고 돌아왔다. 자신도 모르게 웃음이 나서 얼굴이 실룩거렸다.

　"앤, 넌 정말 말썽을 일으키는 데 천재로구나. 네가 다이애나한테 포도주를 줬어. 산딸기 주스가 아니라. 맛이 다른 거 모르겠더냐?"

　"저는 안 마셨어요." 앤이 말했다. "전 그게 주스인 줄 알았어요. 저는 정말… 정말 잘 대접하고 싶었어요. 그런데 다이애나가 너무 속이 안 좋아서 집에 갈 수밖에 없었어요. 배리 아주머니가 레이첼 아주머니에게 말하기를 다이애나가 너무 심하게 취했다고 하셨대요. 다이애나한테 무슨 일인지 물으니까 바보처럼 실실 웃기만 하다가 잠이 들어서는 몇 시간 동안 잤다는 거예요. 숨 쉴 때 냄새를 맡아 보고는 취한 줄 아셨대요. 다이애나는 어제 하루 종일 머리가 깨질 듯이 아팠대요. 배리 아주머니는 화가 단단히 나셨고요. 아주머니는 제가 고의로 그런 게 아니라는 걸 절대 믿지 않으실 거예요."

raspberry cordial down in the cellar instead of in the pantry as she had told Anne.

She went back to the kitchen with the wine bottle in her hand. Her face was twitching in spite of herself.

"Anne, you certainly have a genius for getting into trouble. You went and gave Diana currant wine instead of raspberry cordial. Didn't you know the difference yourself?"

"I never tasted it," said Anne. "I thought it was the cordial. I meant to be so-so-hospitable. Diana got awfully sick and had to go home. Mrs. Barry told Mrs. Lynde she was simply dead drunk. She just laughed silly-like when her mother asked her what was the matter and went to sleep and slept for hours. Her mother smelled her breath and knew she was drunk. She had a fearful headache all day yesterday. Mrs. Barry is so indignant. She will never believe but what I did it on purpose."

💬 Lynde 부인의 조언을 Marilla가 받아들이면서 Anne은 학교에 가지 않고 집안일을 거들며 지내고 있습니다. 어느 날 Marilla가 카모디 시내에 나갈 일이 생깁니다. Marilla는 Anne에게 Matthew 아저씨와 일꾼인 Jerry의 차와 저녁 식사를 챙길 것을 부탁하면서, 낮에 Diana를 불러서 함께 놀아도 되고 주스와 케이크, 과자까지 꺼내 먹으라고 하지요. Anne의 초대를 받은 Diana가 초록 지붕 집에 왔을 때의 모습을 묘사한 장면이 있습니다. 'Diana came over, dressed in her second-best dress and looking exactly as it is proper to look when asked out to tea.(다이애나는 두 번째로 좋은 옷을 입고 초대받은 차 모임에 가기에 딱 좋은 모습으로 찾아왔다.)'라는 문장인데요, 기독교 문화가 있는 나라에서는 가장 좋은 옷은 교회에 갈 때 입고, 정식으로 식사나 차 모임에 초대받았을 때는 그 옷을 제외한 나머지 중 가장 좋은 옷을 입기 때문에 Diana가 'second-best dress'를 입고 왔다고 묘사하고 있습니다.

Anne이 Diana를 'ask out to tea', 즉 차 모임에 초대하는 건 영국의 'afternoon tea(애프터눈 티)'를 떠올리면 됩니다. 애프터눈 티가 처음 생긴 건 19세기 중반 무렵입니다. 영국의 the Dutchess of Bedford(베드포드 공작 부인)는 오후 4시쯤이 되면 늘 출출함을 느꼈다고 합니다. 하지만 저녁은 오후 8시나 되어야 먹을 수 있었죠. 그러던 어느 날 공작 부인은 그날따라 유난히 기분이 축 가라앉는다고 하면서, 하녀에게 차와 다과를 준비시켰다고 합니다. 차는 기분 전환에 큰 도움이 되었고, 부인은 다과회에 친구들을 초대하기 시작합니다. 이것이 영국 전역으로 퍼져 나가서 애프터눈 티의 시작이 되었죠. 영국에서는 여전히 애프터눈 티를 즐기고 있고, 여기에 초대한다는 것은 '우정의 시작'을 의미합니다. Marilla의 허락으로 갖게 된 차 모임에 두 번째로 좋은 옷을 입고 우아하게 대화를 나누는 Anne과 Diana의 귀여운 모습에 절로 미소짓게 됩니다.

행복한 차 모임의 추억을 기대하던 아이들에게 Marilla가 마셔도 좋다고 허락한 'raspberry cordial(산딸기 주스)'로 인해서 예상치 못한 일이 벌어집니다. 'cordial'은 본래 정신적인 부분에 도움을 줘서 마음을 편하게 해 준다고 여겨지던 음료였습니다. 하지만 이 작품에 등장하는 cordial은 단순히 '알코올이 들어 있지 않은 시원한 음료'를 의미합니다. 정식으로 차와 다과를 내어서 먹기엔 이른 시간이었지만 과수원에서 실컷 놀다가 들어온 아이들이 목을 축이기에 산딸기 주스가 안성맞춤이었고, 그렇게 비극(?)은 시작되었습니다. "You certainly have a genius for getting into trouble.(넌 정말 말썽을 일으키는 데 천재로구나.)"이라는 Marilla의 말처럼 마치 말썽거리가 Anne의 앞에서 늘 기다리고 있는 듯 합니다.

산딸기 주스가 아닌 포도주를, 그것도 큰 컵으로 석 잔이나 마신 Diana는 Anne과 제대로 차와 다과를 나누지도 못하고 집으로 돌아갑니다.

Anne을 처음 Barry 부인과 Diana에게 데리고 갈 때 Marilla는 "It's her mother you've got to reckon with. If she doesn't like you it won't matter how much Diana does.(네가 신경 써야 할 사람은 다이애나의 엄마야. 배리 부인이 널 마음에 들어 하지 않으면 다이애나가 널 좋아해도 소용없단다.)" 이렇게 말한 바 있는데요, Barry 부인이 어떤 사람인지 간접적으로 알려 주고 있습니다. 오늘 본문에 이은 뒷부분에서도 Barry 부인을 'Mrs. Barry was a woman of strong prejudices and dislikes, and her anger was of the cold, sullen sort which is always hardest to overcome.(배리 부인은 편견이 있고 싫어하는 게 분명한 사람이었고, 화가 나면 차갑고 무뚝뚝하게 변하고 화가 잘 풀리지 않았다.)' 이렇게 묘사하는 걸 보니, 이번 사건을 아이들이라서 벌일 수 있는 '해프닝'이라 생각하고 Anne을 너그러이 용서해 주길 바라는 건 무리겠습니다. 세상에 둘도 없는 친구인 Anne과 Diana는 앞으로 어떻게 될까요?

*Write a favorite sentence

_____

_____

Marilla는 일이 이렇게 된 건 안타깝지만, Anne의 잘못은 아니라고 한다. Barry 부인도 고의가 아니었다는 걸 알게 되면 생각이 바뀔 테니 저녁에 직접 가서 잘 설명하라고 한다. 하지만 Anne은 Marilla에게 대신 가 달라고 부탁하고, Marilla도 그러는 편이 더 현명하겠다는 생각에 Anne 대신 Barry 부인에게 다녀온다. 기대했던 바와 달리 Barry 부인은 마음을 풀지 않았고, Marilla는 그렇게 말이 안 통하는 사람은 처음이라고 하며 Barry 부인의 야박한 태도에 마음을 가라앉히지 못한다.

절망적인 소식을 전해 들은 Anne은 직접 용서를 구하기로 마음먹고 Barry 부인에게 달려간다. Anne을 마주한 Barry 부인의 얼굴은 딱딱하게 굳었다. 용서를 구하는 Anne의 말과 몸짓이 지나치게 과장돼서 오히려 자신을 놀린다고 느낀 Barry 부인은 Anne이 Diana에게 어울리는 친구가 아니라며 집으로 돌아가라고 인정 없이 차갑게 말한다. 집으로 돌아온 Anne은 마지막 희망조차 사라졌다는 절망감에 빠졌고, 울다가 잠든다. Marilla는 그런 Anne을 가엾게 여기며 뺨에 입을 맞춘다.

다음 날 Anne을 찾아온 Diana는 엄마가 다시는 같이 놀지 말라고 했고, 엄마에게 사정사정해서 마지막으로 인사하러 왔다고 한다. 둘은 슬프게 울면서 이제 마음의 친구는 사귀지 않겠노라 다짐한다. 다음 월요일이 되자 Anne이 방에서 책이 든 바구니를 끼고 내려온다. 친구와 가혹하게 갈라지게 되니 자신에게 남은 건 이뿐이라며 Anne은 학교에 가겠다고 한다. 기쁨을 감추고 Marilla는 다시 학교에 가면 선생님 말씀을 잘 들으라고 당부한다.

　친구들은 저마다의 방법으로 학교에 돌아온 Anne을 열렬히 환영했고, 그 중엔 Diana도 있었다.

Day 15

인생의 새로운 재미

다이애나를 볼 수 있는 유일한 방법이라 생각한 앤은 학교에 다시 돌아가지만,
다이애나하고 자유롭게 말도 할 수 없습니다.
하지만 앤에게는 새로운 즐거움이 기다리고 있습니다.

앤은 쪽지를 읽고, 책갈피에 입을 맞춘 뒤 재빨리 답장을 써서 맞은편에 앉은 다이애나에게 보냈다.

나의 사랑하는 다이애나에게

당연히 너를 원망하지 않아. 넌 엄마 말씀을 잘 들어야 하잖아. 우리의 영혼은 교감할 수 있어. 네가 준 소중한 선물은 영원히 간직할게. 미니 앤드루스는 아주 좋은 애야. 상상력은 없지만 말야. 하지만 난 다이애나와 '마음의 친구'였으니까 미니의 '마음의 친구'가 되지는 않을 거야. 철자를 틀렸어도 이해해 줘. 아직 내가 맞춤법에 서투르잖아. 많이 좋아지기는 했지만.

죽음이 우리를 갈라놓을 때까지 너의 친구인
앤 또는 코딜리어 셜리

추신: 오늘 밤 네 편지를 베개 밑에 넣고 잘 거야.
앤 또는 코딜리어 셜리

A New Interest in Life

commune 교감하다 pesimistically 비관적으로 get on well with ~와 잘 지내다
fling oneself into (열의를 갖고) ~에 뛰어들다 not to be outdone 지지 않으려고
tenacity 완강함 fluctuate 변동을 거듭하다 wrestle (문제 등과) 씨름하다 decimal 소수

Anne read the note, kissed the bookmark, and dispatched a prompt reply back to the other side of the school.

My own darling Diana,

Of course I am not cross at you because you have to obey your mother. Our spirits can commune. I shall keep your lovely present forever. Minnie Andrews is a very nice little girl-although she has no imagination-but after having been Diana's busum friend I cannot be Minnie's. Please excuse mistakes because my spelling isn't very good yet, although much improoved.

Yours until death us do part
Anne or Cordelia Shirley.

P.S. I shall sleep with your letter under my pillow tonight.
A. OR C.S.

앤이 다시 학교에 나가면서부터 마릴라는 앤이 또 문제를 일으키리라고 비관적으로 생각했다. 하지만 아무 일도 일어나지 않았다. 어쩌면 앤이 미니 앤드루스한테 '모범생 기운'을 받았는지도 모른다. 적어도 그 뒤로 필립스 선생님과는 아주 잘 지냈다. 앤은 열과 성을 다해서 공부에 뛰어들었고, 어떤 과목에서도 길버트 블라이드에게 뒤처지지 않겠다고 마음먹었다. 둘의 경쟁 의식은 금세 누가 봐도 알 수 있을 정도가 되었다. 길버트 쪽에서는 전적으로 좋은 일이었지만, 여전히 완강하게 원한을 붙들고 있는 앤에게도 좋은 일이라고 하기에는 걱정스러운 면이 있었다. 앤의 증오는 사랑만큼이나 강렬했다.

앤은 학업에 있어서 길버트가 경쟁할 만한 상대가 된다고 인정하며 숙이고 들어갈 마음이 없었다. 그렇게 되면 자신이 끈질기게 무시한 상대를 인정하는 꼴이 될 테니 말이다. 하지만 경쟁 의식에 불이 붙었고, 둘은 1등 자리를 놓고 엎치락뒤치락했다. 받아쓰기 수업에서 길버트가 한 번 1등을 하면, 다음번엔 앤이 길게 땋은 빨강 머리를 휘날리며 길버트를 꺾었다. 어느 날 아침 길버트가 수학 계산 문제를 모두 맞혀서 칠판에 이름을 올리면, 다음 날 아침은 전날 저녁 내내 소수와 씨름한 앤이 1등을 했다.

Marilla pessimistically expected more trouble since Anne had again begun to go to school. But none developed. Perhaps Anne caught something of the 'model' spirit from Minnie Andrews; at least she got on very well with Mr. Phillips thenceforth. She flung herself into her studies heart and soul, determined not to be outdone in any class by Gilbert Blythe. The rivalry between them was soon apparent; it was entirely good natured on Gilbert's side; but it is much to be feared that the same thing cannot be said of Anne, who had certainly an unpraiseworthy tenacity for holding grudges. She was as intense in her hatreds as in her loves.

She would not stoop to admit that she meant to rival Gilbert in schoolwork, because that would have been to acknowledge his existence which Anne persistently ignored; but the rivalry was there and honors fluctuated between them. Now Gilbert was head of the spelling class; now Anne, with a toss of her long red braids, spelled him down. One morning Gilbert had all his sums done correctly and had his name written on the blackboard on the roll of honor; the next morning Anne, having wrestled wildly with decimals the entire evening before, would be first.

💬 학교에 가지 않고 집에서 지내던 Anne에게 이제 학교는 Diana를 만날 수 있는 유일한 공간이 되고 말았습니다. 하지만 Diana는 Anne에게 보낸 쪽지에 "Mother says I'm not to play with you or talk to you even in school.(엄마가 학교에서도 너랑 놀거나 말하면 안 된대.)"이라고 말하며, 엄마인 Barry 부인이 여전히 화를 풀지 않았음을 알립니다. 고통이 준 선물일까요? Anne은 Diana에게 "You have to obey your mother. Our spirits can commune.(넌 엄마 말씀을 잘 들어야 하잖아. 우리의 영혼은 교감할 수 있어.)"라고 답장하며, 상황을 원망하지 않고 받아들이는 한층 성숙한 모습을 보입니다.

학교로 돌아온 Anne은 'Anne was welcomed back to school with open arms.(앤이 학교로 돌아오자, 친구들은 두 팔 벌려 환영했다.)'와 같이 열렬한 환영을 받습니다. Anne이 이렇게 친구들과 잘 지내고 인기가 있었던 비결은 무엇일까요? 'Her imagination had been sorely missed in games, her voice in the singing and, of books at dinner hour.(아이들은 놀 때는 앤의 상상력을, 노래할 때와 점심 시간에 큰 소리로 책을 읽을 때는 앤의 목소리를 그리워했다.)'란 문장에서 그 답을 찾을 수 있네요. 재미있는 점은, 어른들의 세계에서는-Matthew를 제외하고-Anne의 상상력은 '공상'으로, 전달력 있는 목소리는 '과장되고 진실하지 못한 모습'으로 보일지 모르지만, 아이들에게는 더할 나위 없는 즐거움을 주었다는 점입니다.

'imagination(상상력)'은《빨강 머리 앤》을 읽었다면 가장 기억에 남을 단어 중 하나입니다. 기차역에서 어쩌면 아무도 자신을 데리러 오지 않을지도 모른다는 생각이 들 때는 자신이 다른 상황에 있다고 상상하기도 하고, 책장 유리문에 비친 모습을 보고 친구가 있다고 상상하기도 하고, 상황이 절망적일 때마다 상상한다고 말했던 Anne을 기억하실 테지요. Anne에게 있어 상상력은 그저 자신이 지닌 많은 재능 중 하나에 불과한 것이 아니라, 불우한 현실을 버티며 살아남기 위한 몸부림에 가까웠습니다. 하지만 에이번리의 초록 지붕 집에 사는 Anne은 더 이상 아무도 받아 주지 않는 고아 소녀가 아닙니다. 자신을 있는 그대로 봐 주는 Matthew 아저씨와 이해하기 어려운 부분이 있어도 최선을 다하는 Marilla 아주머니의 사랑과 Diana를 비롯한 친구들의 사랑을 받으며 Anne은 '상상력을 발휘하지 않아도 현실에서 행복한 소녀'로 성장해 갑니다.

그렇게 천천히 성장해 간 덕분에 Anne은 위기도 기회로 전환할 줄 아는 아이가 됩니다. Anne은 Diana와 마음껏 놀지 못하는 상황을 슬퍼만 하고 있지 않고, 다시 학교에 등교해서 'She flung herself into her studies heart and soul, determined not to be outdone in any class by Gilbert Blythe.(앤은 열과 성을 다해서 공부에 뛰어들었고, 어떤 과목에서도 길버트 블라이드에게 뒤처지지 않겠다고 마음먹었다.)'에서 보여지듯 공부에 마음을 쏟게 됩니다. Anne은 자신이 오기 전 줄곧 1등을 하던 Gilbert와 1등 자리를 놓고 경쟁을 벌이게 되지요. 'One morning Gilbert had all his sums done correctly and had his name written on the blackboard on the roll of honor; the next morning Anne, having wrestled wildly with decimals the entire evening before, would be first.(어느 날 아침 길버트가 수학 계산 문제를 모두 맞혀서 칠판에 이름을 올리면, 다음 날 아침은 전날 저녁 내내 소수와 씨름한 앤이 1등을 했다.)'란 문장 하나만 봐도 Anne의 공부에 대한 집념과 열의가 얼마나 대단했는지 알 수 있습니다.

Anne이 학교에 다시 가겠다고 했을 때 Marilla는 기뻤지만, 한편으로는 'Marilla pessimistically expected more trouble since Anne had again begun to go to school.(앤이 다시 학교에 나가면서부터 마릴라는 앤이 또 문제를 일으키리라고 비관적으로 생각했다.)'이란 말처럼 걱정을 했습니다. 하지만 Anne은 '인기 있는 아이'를 넘어서서 '반에서 1등을 겨루는 아이'가 되었고, 기하학에 대한 어려움을 Marilla에게 토로하면서 "One can't stay sad very long in such an interesting world, can one?(하지만 오랫동안 슬픔에 빠져 있기엔 세상은 참 즐겁지 않나요?)"이라고 말하는 내면이 단단한 아이로 성장하고 있습니다.

Diana의 빈자리를 배움을 향한 열정이 대신 채워 주고 있습니다. 또한 석판 두 동강 사건 이후 숙명의 라이벌이 된 Anne과 Gilbert의 경쟁이 본격적으로 시작되며, 독자들에게 흥미로운 관전

포인트를 선사합니다. 이번 장의 제목처럼 'A New Interest in Life (인생의 새로운 재미)'를 알게 된 Anne에게 앞으로 어떤 미래가 펼쳐질까요? 기대감을 가지고 다음 장으로 넘어가 봅시다.

*Write a favorite sentence

_____

_____

배움의 열의가 넘치는 Anne은 학기말이 되었을 즈음 Gilbert와 나란히 5학년 과정으로 진급해서 라틴어, 기하학, 프랑스어, 대수학 같은 기초 과목을 배우게 된다. 하지만 Anne은 유독 기하학에서 고전을 면치 못하고 Marilla에게 어려움을 토로한다.

1월의 어느 날, 총리가 Charlottetown(샬럿타운)에서 대규모 대중 집회를 연다. 에이번리 사람들은 대부분 정치적으로 총리 편이어서 집회가 열리는 밤에 거의 모든 남자들과 상당수의 여자들이 40km나 떨어진 샬럿타운으로 향한다. Lynde 부인도 그중 한 명이다. Lynde 부인은 정치에 무척 관심이 많았고, 정치적으로는 총리의 반대편이었지만 자신이 빠진 정치 모임은 있을 수 없다고 생각하며 Marilla와 함께 길을 나선다.

Marilla와 Lynde 부인이 정치 집회에서 시간을 보내는 동안 Anne과 Matthew는 초록 지붕 집에서 유쾌한 시간을 보낸다. Anne은 Matthew에게 자신이 기하학을 정말 못하고, 심지어 기하학 때문에 인생이 구름으로 뒤덮였다며 한탄한다. Matthew는 카모디에 갔을 때 Phillips 선생님이 Anne을 칭찬한 말들을 전하며, 어떤 일이든 잘할 거라고 다독인다. Anne은 Matthew와 이런저런 얘기를 더 나누다가 사과를 먹기로 한다.

지하실에서 접시 한가득 사과를 담아서 올라오는데, 밖에서 발소리가
들린다. 그러더니 부엌문이 홱 열리고 Diana가 황급히 뛰어 들어온다.
Anne은 혹시 Barry 부인이 마음을 풀었는지 물었지만, Diana가 벌벌
떨며 Minnie May가 많이 아프다고 한다. 그런데 Diana의 부모님도
샬럿타운에 가신 바람에, 집에는 Diana와 집안일을 돕는 Mary
Joe뿐이라고 한다.

Anne은 자신이 Hammond 아주머니네서 쌍둥이 세 쌍을 돌볼 때
아이들이 폐렴에 걸린 적이 있어서 잘 안다고 말하며 Diana를 안심시킨다.
Matthew는 카모디로 의사를 부르러 떠나고, 둘은 얼어붙은 들판을
가로질러 Diana의 집으로 향한다.

앤이 구하러 가다

미니 메이가 많이 아프다는 다이애나의 말에
바로 달려가서 살펴보는 앤.
위급한 상황을 배리 부인 없이 잘 넘길 수 있을까요?

앤은 능숙하고 신속하게 일을 시작했다.

"미니 메이는 후두염이 맞아. 상태가 꽤 안 좋은데, 난 더 나쁜 경우도 봤어. 우선은 따뜻한 물이 많이 필요해. 이런 다이애나, 주전자에 물이 한 컵뿐이네! 자, 내가 가득 채웠으니까, 메리 조, 난로에 장작 좀 넣어 주세요. 기분을 상하게 할 생각은 없지만, 이런 일은 조금만 생각했어도 먼저 예상할 수 있었을 텐데. 이제 미니 메이의 옷을 벗기고 침대에 눕힐 테니까 부드러운 플란넬 옷을 찾아봐 줘, 다이애나. 난 미니 메이한테 토근즙부터 먹일게."

미니 메이는 순순히 토근즙을 먹으려고 하지 않았지만, 앤이 쌍둥이 세 쌍을 돌본 경험이 헛되지는 않았다. 초조하고 기나긴 밤 동안 토근즙을 한 번이 아니라 몇 번이나 떠먹이면서 앤과 다이애나는 힘들어하는 미니 메이의 곁을 침착하게 지켰다. 메리 조도 진심으로 자신이 할 수 있는 일을 최대한 하려고 계속해서 난로에 불을 지폈고, 병원에서 후두염에 걸린 아이들에게 필요한

Anne to the Rescue

croup 크루프(급성 폐쇄성 후두염) dose 1회 복용량 ipecac 토근즙
for nothing 헛되이 a pressing need 위급한 상황 soundly 곤히, 깊이
choke to death 숨이 막혀 죽다 lingering hope 붙들고 늘어질 희망 phlegm 가래

Anne went to work with skill and promptness.

"Minnie May has croup all right; she's pretty bad, but I've seen them worse. First we must have lots of hot water. I declare, Diana, there isn't more than a cupful in the kettle! There, I've filled it up, and, Mary Joe, you may put some wood in the stove. I don't want to hurt your feelings but it seems to me you might have thought of this before if you'd any imagination. Now, I'll undress Minnie May and put her to bed and you try to find some soft flannel cloths, Diana. I'm going to give her a dose of ipecac first of all."

Minnie May did not take kindly to the ipecac but Anne had not brought up three pairs of twins for nothing. Down that ipecac went, not only once, but many times during the long, anxious night when the two little girls worked patiently over the suffering Minnie May, and Young Mary Joe, honestly anxious to do all she could, kept up a roaring

만큼보다 훨씬 많은 양의 물을 데웠다. 매슈가 새벽 3시가 되어서야 의사와 함께 왔다. 그 의사 한 명을 찾는 데 스펜서베일까지 가야 했기 때문이다. 하지만 위급한 상황은 넘긴 후였다. 미니 메이는 상태가 좋아져서 곤히 잠들어 있었다.

"너무 절망적이어서 포기할 뻔했어요." 앤이 설명했다. "상태가 점점 나빠졌고, 해먼드 아주머니네 쌍둥이들보다, 심지어 막내 쌍둥이들보다 더 심해졌어요. 숨이 막혀 죽을 거라는 생각까지 들었어요. 저 병에 든 토근즙을 한 방울도 남김없이 다 먹였지 뭐예요. 그리고 마지막 한 입을 먹이면서 혼자 생각했어요. 다이애나랑 메리 조를 더 걱정하게 만들고 싶지 않아서요. 혼자 속으로 '이게 마지막 남은 희망인데 소용이 없으면 어쩌지.' 하고 생각했어요. 그런데 3분쯤 지나서 미니 메이가 기침하면서 가래를 뱉어 내더니 바로 좋아지기 시작했어요. 얼마나 안심이 됐는지 선생님은 이해하실 거예요. 말로 다 못하겠어요. 말로는 표현할 수 없는 것들이 있잖아요."

fire and heated more water than would have been needed for a hospital of croupy babies. It was three o'clock when Matthew came with a doctor, for he had been obliged to go all the way to Spencervale for one. But the pressing need for assistance was past. Minnie May was much better and was sleeping soundly.

"I was awfully near giving up in despair," explained Anne. "She got worse and worse until she was sicker than ever the Hammond twins were, even the last pair. I actually thought she was going to choke to death. I gave her every drop of ipecac in that bottle and when the last dose went down I said to myself-not to Diana or Young Mary Joe, because I didn't want to worry them any more than they were worried, but I had to say it to myself just to relieve my feelings-'This is the last lingering hope and I fear, 'tis a vain one.' But in about three minutes she coughed up the phlegm and began to get better right away. You must just imagine my relief, doctor, because I can't express it in words. You know there are some things that cannot be expressed in words."

💬 에이번리의 어른들이 샬럿타운에 가고 없는 사이에 응급 환자가 발생합니다. 여기서 Minnie May가 걸린 'croup(크루프, 급성 폐쇄성 후두염)'는 목과 기도, 후두에 염증을 일으키는 병으로 알려져 있습니다. 급성으로 감염되면 가래가 기도를 막아 질식사 할 위험이 있다고 합니다. Anne은 Diana의 집으로 가면서 'ipecac(토근즙)'이라는 걸 챙겨 갑니다. 남미에서 자라는 관목 식물의 일종인 'ipecacuanha'의 줄임말인데요, 크루프를 앓는 아이들에게 먹이면 땀이 나게 하고 가래를 뱉어 내도록 한다고 알려진 약입니다. 오늘 본문에서 Anne이 의사한테 한 말 중에 "I actually thought she was going to choke to death.(숨이 막혀 죽을 거라는 생각까지 들었어요.)", "But in about three minutes she coughed up the phlegm and began to get better right away.(그런데 3분쯤 지나서 미니 메이가 기침하면서 가래를 뱉어 내더니 바로 좋아지기 시작했어요.)"라는 말들이 크루프의 증상과 토근즙의 효능을 잘 설명해 주고 있습니다.

어른도 아닌 Anne이 능숙하게 대처할 수 있었던 건 Hammond 아주머니네 집에서 쌍둥이 세 쌍을 돌본 경험 때문이지요. Anne은 벌벌 떨며 걱정하는 Diana를 안심시키고 Minnie May에게 곧장 달려가서 "Minnie May has croup all right; she's pretty bad, but I've seen them worse. First we must have lots of hot water. I declare, Diana, there isn't more than a cupful in the kettle! There, I've filled it up, and, Mary Joe, you may put some wood in the stove.(미니 메이는 후두염이 맞아. 상태가 꽤 안 좋은데, 난 더 나쁜 경우도 봤어. 우선은 따뜻한 물이 많이 필요해. 이런 다이애나, 주전자에 물이 한 컵뿐이네! 자, 내가 가득 채웠으니까, 메리 조, 난로에 장작 좀 넣어 주세요.)" 이렇게 침착하고 신속하게 상황에 대처합니다.

Anne은 'Minnie May did not take kindly to the ipecac but Anne had not brought up three pairs of twins for nothing.(미니 메이는 순순히 토근즙을 먹으려고 하지 않았지만, 앤이 쌍둥이 세 쌍을 돌본 경험이 헛되지는 않았다.)'이라고 하듯, 잘 먹지 않으려는 약을 밤새 몇 번이나 먹여 가며 헌신적으로 돌봅니다. 의사를 데리러 갔던 Matthew가 생각보다 멀리까지 다녀오는 바람에 새벽 3시가 되어서야 돌아오지만, 두 언니의 헌신적인 보살핌 덕분에 'But the pressing need for assistance was past. Minnie May was much better and was sleeping soundly.(하지만 위급한 상황은 넘긴 후였다. 미니 메이는 상태가 좋아져서 곤히 잠들어 있었다.)' 이렇게 평온한 상황에서 의사를 맞이하게 됩니다.

이후, 의사는 Barry 부부에게 "I tell you she saved that baby's life, for it would have been too late by the time I got there. She seems to have a skill and presence of mind perfectly wonderful in a child of her age.(앤이 아이의 생명을 구했어요. 내가 도착했을 때는 너무 늦을 뻔했거든요. 나이답지 않게 놀랄 만큼 침착하고 똑똑한 아이예요.)"라는 말을 남깁니다.

Anne은 Barry 부인을 만나고 돌아온 Marilla에게서 "She is very sorry she acted as she did in that affair of the currant wine.(포도주 사건 때 네게 그렇게 대해서 몹시 미안해하더구나.)", "She hopes you'll forgive her and be good friends with Diana again.(자신을 용서하고 다이애나와 다시 좋은 친구로 지내 줬으면 하더구나.)"이라는 행복한 말을 전해 듣습니다.

이후 한달음에 Dianna의 집에 다녀온 Anne은 "I'm perfectly happy-yes, in spite of my red hair. Just at present I have a soul above red hair.(저는 정말 완벽하게 행복해요. 머리가 빨간색이어도요. 적어도 지금만큼은 제 빨강 머리가 아무 상관없어요.)"라고 말하며 기뻐합니다. 자신이 가진 외모가 아무 영향을 주지 않는, 진정 자기 자신을 있는 그대로 긍정하고 있는 Anne은 지금, 세상에서 제일 행복한 소녀입니다.

*Write a favorite sentence

_____

_____

Barry 부부는 Minnie May를 진찰한 의사로부터 Anne이 얼마나 중요한 역할을 했는지 듣는다. 밤새 간호하느라 잠을 자지 못한 Anne은 학교에 가지 못하고 깊은 잠에 빠진다. 잠에서 깨니 그사이에 Marilla가 정치 집회에서 돌아와서 뜨개질을 하고 있다. Anne에게 Barry 부인이 다녀갔는데 포도주 사건 때 있었던 일에 대해서 미안하고, 다시 Diana와 친하게 지냈으면 좋겠다고 했다는 소식을 전한다. 한달음에 Diana에게 다녀온 Anne은 Barry 부인이 자신을 어떻게 대했는지 얘기하면서, 오늘은 머리가 빨간색이어도 완벽하게 행복한 사람이라고 말한다.

어느 날 Barry 아주머니가 학교 끝나고 Diana의 집에 와서 밤새워 놀 수 있는지 물어보라고 했다는 말을 Marilla에게 전한다. Diana의 사촌들도 오기로 했고 내일 밤 회관에서 열리는 토론 클럽 발표회에도 가기로 했다고 설명하지만, Marilla는 허락하지 않는다. Anne은 일 년에 한 번뿐인 Diana의 생일이니 꼭 가고 싶다고 조르지만, Marilla의 생각에는 변함이 없다. Anne이 슬퍼하며 방에 올라가고 나자, Matthew가 Anne을 보내 주는 게 좋겠다고 말한다. Marilla는 단순히 Diana의 집에서 하루 자는 게 아니고 발표회까지 가는 건 허락할 수 없다고 한다. 하지만 Matthew는 Anne을 보내 주자고 고집하고, Marilla는 결국 항복한다.

반에서 친구들이 발표회 이야기를 나눌 때마다 소외되는 기분을 느꼈던 Anne은 자신도 드디어 발표회에 갈 수 있다고 생각하니 수업에 집중하지 못하고 온통 발표회 생각뿐이다. 반 아이들도 발표회 이야기만 나누고, 가지 못하는 친구들은 마치 인생이 끝난 것처럼 슬퍼한다. 드디어 발표회가 시작되고, Anne과 Diana는 발표회의 모든 순서를 즐긴다. 밤 11시가 되어서야 집으로 돌아오지만, 둘은 지치지도 않고 신나게 이야기를 나눈다. 모두가 잠이 든 시간이라 까치발로 응접실을 지나서 오늘 둘이 자기로 한 손님방으로 향한다. 그러다가 누가 먼저 침대까지 가는지 시합을 하기로 하고, 두 아이는 손님방 문을 지나 동시에 침대로 뛰어든다. 하지만 그 순간, 누군가가 숨이 막혀서 비명을 지르는 소리가 들린다. 둘은 겁에 질려서 벌벌 떨며 계단으로 올라간다.

Anne과 Diana는 아무 일도 없었던 듯이 조용히 넘어가려고 했지만, 결국 침대로 뛰어든 일 때문에 Barry 씨네 집은 발칵 뒤집힌다. 한 달 정도 머무르려던 Barry 할머니는 당장 돌아가겠다고 했고, Diana가 음악 수업을 받을 수 있도록 지원하려던 것도 취소하겠다고 한다. Anne은 자신이 직접 용서를 구하겠다고 하며 Barry 할머니를 찾아간다.

Day 17

발표회와 불행한 사건, 그리고 고백

배리 할머니가 다이애나에게
많이 화가 났다는 말을 들은 앤은 직접 용서를 구하기 위해서
배리 할머니를 찾아갑니다.

"넌 누구냐?" 조세핀 할머니가 인사 없이 바로 물었다.

"저는 초록 지붕 집에 사는 앤이에요." 어린 방문자는 특유의 자세로 손을 맞잡고 떨면서 말했다. "괜찮으시다면 고백할 게 있어서 왔어요."

"뭘 고백한다는 거지?"

"지난밤에 할머니가 계시던 침대 위로 뛰어든 건 제 잘못이에요. 제가 그러자고 했거든요. 다이애나는 그런 행동을 생각해 본 적도 없을 거예요. 확실해요. 다이애나는 정말 숙녀다운 아이예요, 배리 할머니. 그러니까 다이애나를 탓하시는 건 부당하다는 걸 할머니도 아실 거예요."

"뭐라고? 어쨌든 다이애나도 같이 뛴 거 아니냐. 교양 있는 집 아이가 그런 경망스러운 행동을 하다니!"

"그렇지만 저희는 그냥 재미로 그런 거였어요." 앤이 끈질기게 말했다. "저희를 용서해 주셔야 한다고 생각해요, 배리 할머니. 저희가 지금 이렇게 사과드리잖아요. 다이애나를 용서해 주시고

A Concert, a Catastrophe, and a Confession

tremulously 떨면서 carry-on 경망스러운 짓 set on one's heart ~에 마음을 두다
snap 매서운 눈빛 severely 엄하게 indulge 제멋대로 하다 sound (잠이) 깊은
arduous 고된 side 입장, ~할 만한 이유 scare to death 놀라서 죽을 지경이 되게 하다

"Who are you?" demanded Miss Josephine Barry, without ceremony.

"I'm Anne of Green Gables," said the small visitor tremulously, clasping her hands with her characteristic gesture, "and I've come to confess, if you please."

"Confess what?"

"That it was all my fault about jumping into bed on you last night. I suggested it. Diana would never have thought of such a thing, I am sure. Diana is a very ladylike girl, Miss Barry. So you must see how unjust it is to blame her."

"Oh, I must, hey? I rather think Diana did her share of the jumping at least. Such carryings on in a respectable house!"

"But we were only in fun," persisted Anne. "I think you ought to forgive us, Miss Barry, now that we've apologized. And anyhow, please forgive Diana and let her have her music

음악 수업도 받을 수 있게 해 주세요. 배리 할머니, 다이애나는 음악 수업을 정말 기대하고 있어요. 저는 정말 기대하고 있던 일을 하지 못하게 됐을 때의 기분을 너무 잘 알고 있거든요. 누군가에게 꼭 화를 내셔야 한다면, 저한테 내세요. 전 어렸을 때 사람들이 저한테 화를 많이 내서 익숙해요. 다이애나보다 제가 훨씬 더 잘 견딜 수 있어요."

이쯤 되자 노부인의 눈에서 매서운 눈빛은 사라지고 호기심으로 눈이 반짝였다. 하지만 여전히 엄하게 말했다.

"그저 재미로 그랬다는 건 변명이 될 수 없다. 내가 어렸을 땐 어린 소녀들이 그렇게 제멋대로 굴지 않았어. 힘들게 멀리서 와서 곤히 자다가 잠이 깨는 게 어떤 기분인지 너는 모를 테지. 그것도 다른 여자애들 둘이서 몸 위로 뛰어드는 바람에 말이야."

"잘은 모르지만 상상할 수는 있어요." 앤이 간절히 말했다. "너무 놀라셨을 거예요. 그런데요, 저희도 그럴 만한 이유가 있었어요. 할머니도 상상하실 수 있나요? 하실 수 있다면 저희 입장이 되어 보세요. 저희도 침대 위에 누가 있으리라고는 생각도 못 했고, 할머니 때문에 놀라서 기절할 뻔했어요. 정말 무서웠다니까요. 그런 데다가 손님방에서 자기로 되어 있었는데 그렇게 하지도 못했어요. 할머니는 손님방에서 주무시는 게 익숙하시겠죠. 하지만

lessons. Diana's heart is set on her music lessons, Miss Barry, and I know too well what it is to set your heart on a thing and not get it. If you must be cross with anyone, be cross with me. I've been so used in my early days to having people cross at me that I can endure it much better than Diana can."

Much of the snap had gone out of the old lady's eyes by this time and was replaced by a twinkle of amused interest. But she still said severely:

"I don't think it is any excuse for you that you were only in fun. Little girls never indulged in that kind of fun when I was young. You don't know what it is to be awakened out of a sound sleep, after a long and arduous journey, by two great girls coming bounce down on you."

"I don't know, but I can imagine," said Anne eagerly. "I'm sure it must have been very disturbing. But then, there is our side of it too. Have you any imagination, Miss Barry? If you have, just put yourself in our place. We didn't know there was anybody in that bed and you nearly scared us to death. It was simply awful the way we felt. And then we couldn't sleep in the spare room after being promised. I suppose you

만약 할머니가 그런 영광을 한 번도 누려 본 적 없는 고아라면 기분이 어땠을지 상상해 보세요."

are used to sleeping in spare rooms. But just imagine what you would feel like if you were a little orphan girl who had never had such an honor."

💬 에이번리 마을에 완전히 녹아든 Anne이 꼭 가 보고 싶은 데가 있었습니다. 그건 바로 '발표회'였죠. Diana의 생일 즈음에 기회가 생겼고, 이번에도 Matthew의 도움으로 드디어 Anne은 Debating Club(토론 클럽)의 발표회에 가게 됩니다.

합창단의 공연, 낭송, 연설 등으로 구성된 발표회 장면을 읽으면서 그 당시 십 대 아이들의 사회 집단에서 어떤 활동들이 이루어졌는지 잠시 엿볼 수 있습니다. 그중에서도 Debating Club은 19세기 즈음 북미에 널리 퍼졌다고 하는데요, 클럽을 조직하고 모여서 연습하면서 대중 연설을 익히고, 자신의 의견을 어떻게 전달하는 게 효과적인지 배울 수 있는 좋은 장이었습니다. 또한 이들이 여는 발표회는 관객들 앞에 서는 경험을 해 볼 수 있는 자리였습니다.

하지만 십 대들의 클럽 활동이 좋게만 여겨진 것은 아닌가 봅니다. Anne이 발표회에 가도 되는지 허락을 구할 때 Marilla는 "You're better at home in your own bed, and as for that club concert, it's all nonsense, and little girls should not be allowed to go out to such places at all.(집에서 자는 게 좋겠다. 그리고 클럽 발표회도 다 쓸데없는 거야. 여자애들이 그런 데 다니면 못 쓴다.)"이라고 말합니다. Anne이 "I'm sure the Debating Club is a most respectable affair.(토론 클럽은 아주 교양있는 모임이에요.)"라고 항변하지만, Marilla는 모임이 나쁜 게 아니라 밤에 다니는 게 좋지

않다고 하면서 허락하지 않지요. 하지만 이번에도 가장 필요할 때 Anne의 편이 되어 주는 Matthew 아저씨가 끈질기게 "I think you ought to let Anne go.(난 앤을 보내 줘야 한다고 생각해.)"라고 말해서, 결국 Marilla를 항복하게 만들지요.

발표회 참가뿐만 아니라 Anne을 기다리는 행복한 일은 또 있었습니다. 바로 Diana의 집에서 함께 자도 좋다고 허락을 받은 것이죠. 하지만 누가 먼저 침대에 눕는지 시합하며 침대로 풍덩 뛰어드는 순간 비명이 들립니다. 캄캄한 밤에 침대에 누군가 있으니 얼마나 놀랐을까요? 그런데 그날 밤에 있었던 일의 후폭풍이 거세게 몰아칩니다. 그 일로 Diana가 음악 레슨을 받지 못하게 되자, Anne은 직접 용서를 구하기 위해 Barry 할머니를 찾아가 떨리지만 침착하게 말합니다. 말을 꺼내자마자 Anne은 당차게 "You must see how unjust it is to blame her.(다이애나를 탓하시는 건 부당하다는 걸 할머니도 아실 거예요.)"라고 말하면서 Diana는 잘못이 없다고 호소합니다. 또한, 할머니가 얼마나 놀라고 화가 나셨을지 충분히 상상할 수 있다고 말하면서도 "There is our side of it too. Have you any imagination, Miss Barry? If you have, just put yourself in our place.(저희도 그럴 만한 이유가 있었어요. 할머니도 상상하실 수 있나요? 하실 수 있다면 저희 입장이 되어 보세요.)"라고 말하면서 미래의 훌륭한 토론 클럽의 일원다운 모습을 보입니다.

"Much of the snap had gone out of the old lady's eyes by this time and was replaced by a twinkle of amused interest.(이쯤 되자 노부인의 눈에서 매서운 눈빛은 사라지고 호기심으로 눈이 반짝 였다.)" 이렇게 매섭던 할머니의 눈길은 이미 긍정적으로 바뀌고 있었습니다. 어린아이가 또박또박 말대꾸한다고 더 혼을 낼 법도 한데, 오늘 본문에 이어지는 말에서 Barry 할머니는 "I dare say your claim to sympathy is just as strong as mine. It all depends on the way we look at it.(네 입장에 대한 공감을 호소하는 말이 나의 입장만큼이나 설득력이 있구나. 모든 게 어떤 관점으로 바라보느냐에 달렸지.)"라는 말을 하면서 Anne의 말이 충분히 설득력이 있음을 인정합니다.

Anne이 Barry 할머니를 찾아가서 용서를 구하는 이 장면은 단순히 '용서를 구한다'는 것을 넘어서, 갈등이 생겼을 때 어떻게 상대에게 자신의 견해를 잘 전달할 수 있는지 간접적으로 보여 주고 있습니다. Barry 할머니의 말은 부당한 상황에서도 아이이니까 무조건 어른의 의견을 따라야 하는 게 아니라, 충분히 설득력이 있다면 아이의 의견이라고 해도 존중해야 한다는 메시지를 전달하고 있습니다.

Barry 할머니로부터 "You Anne-girl, when you come to town you're to visit me and I'll put you in my very sparest spare room bed to sleep.(앤, 시내에 나오거든 나를 꼭 찾아오렴. 내가 제일 좋은

손님방에서 묵게 해 주마.)"이라는 약속을 받은 Anne은 Marilla에게 "Miss Barry was a kindred spirit, after all.(결국, 배리 할머니는 마음이 통하는 분이셨어요.)"이라고 말하며, Matthew 아저씨 같은 어른을 또 만나게 됐다고 말합니다.

*Write a favorite sentence

_____

_____

Anne의 말을 귀 기울여 들은 Barry 할머니는 Anne의 입장도 충분히 설득력이 있다고 하면서 더 얘기를 꺼내 보라고 한다. 하지만 Marilla 아주머니가 기다리고 계신 집으로 가 봐야 한다고 하며 정중히 거절한다. Anne과의 대화로 마음을 푼 Barry 할머니는 Anne이라는 아이와 더 이야기를 해 보고 싶어서 더 있겠다고 한다. 그리고 원래 예정했던 한 달이 지난 후에도 에이번리에 계속해서 머물렀고, Anne과 이야기하며 기분 좋게 보내서 그런지 식구들과도 한결 잘 지냈다. 그렇게 두 사람은 우정을 나누는 친구가 되고, Barry 할머니는 시내에 들를 때 자신을 잊지 말고 찾아오라고 한다. Anne은 Barry 할머니가 마음이 통하는 친구라고 하며 기뻐한다.

초록 지붕 집에는 다시 봄이 찾아온다. 변덕스러운 날씨 탓에 5월 까지도 상쾌하고 쌀쌀한 날씨가 이어지지만, 학생들은 남녀 할 것 없이 꽃을 따며 즐거운 오후를 보낸다. Anne은 Marilla에게 mayflower보다 더 좋은 것은 없고, mayflower를 '죽은 꽃들의 영혼'이라고 생각한다고 말한다. 또한, 누가 자기에게 mayflower를 줬지만 받지 않고 무시했는데, 그 애의 이름은 입에 올리지 않기로 맹세했기 때문에 누군지는 말할 수 없다고 한다.

어느덧 6월이 되고 바깥 풍경은 또다시 바뀐다. 동쪽 다락방의 분위기는 그 방에 사는 상상력이 풍부한 주인 덕분에 새로운 활기와 톡톡 튀는 개성이 스며들어 있다. Marilla가 가끔씩 두통으로 힘들어하는 모습을 보며 Anne은 자신이 대신 아플 수 있으면 좋겠고, 아주머니를 위해서라면 기쁜 마음으로 견딜 수 있다고 한다. Marilla는 Anne이 도와주는 덕분에 자신이 조금이라도 쉴 수 있고, Anne이 일도 곧잘 하고 실수도 많이 줄었다고 말한다. 그러면서도 Matthew의 손수건에는 풀을 먹일 필요가 없고, 파이를 데울 때도 오븐에 넣었다가 따뜻해지면 꺼내야 한다고 알려 준다.

Anne은 파이를 오븐에 넣을 때까지만 해도 잘했는데, 파이를 데우는 동안 자신이 마법에 걸린 공주가 됐다는 상상을 펼치다가 파이를 까맣게 잊었다고 솔직하게 말한다.

Day 18

상상력이 지나치다

앤의 새 앞치마를 재단하는 데 견본이 필요해서
배리 부인에게 다녀오라고 말하지만, 앤은 너무 캄캄해서 갈 수 없다고 합니다.
앤의 속마음은 무엇일까요?

"오늘 하루는 특별히 더 좋은 날이었으면 했어요. 오늘은 기념일이니까요. 작년 오늘 무슨 일이 있었는지 기억나세요, 아주머니?"

"글쎄다. 특별한 건 기억나지 않는구나."

"에이, 아주머니. 제가 초록 지붕 집에 온 날이잖아요. 전 절대로 잊지 못해요. 제 인생의 전환점이 된 날이니까요. 물론 아주머니께는 그렇게 중요한 일이 아니었겠지만요. 제가 여기에 온 지일 년이 지났고, 정말 행복하게 지내고 있어요. 물론 제가 말썽도많이 피웠지만, 그런 건 살면서 만회할 수 있으니까요. 저를키우기로 하신 걸 후회하세요, 아주머니?"

"아니다, 후회한다고 말할 수 없지." 마릴라가 대답했다. 마릴라는 가끔 앤이 초록 지붕 집에 오기 전에는 어떻게 살았나 싶을때가 있었다. "아니, 절대 후회하지 않는단다. 앤, 공부 끝났으면배리 부인에게 가서 다이애나의 앞치마 견본을 빌려줄 수 있는지물어보고 오렴."

"아… 너무… 너무 캄캄하잖아요." 앤이 소리쳤다.

A Good Imagination Gone Wrong

live down (과오를) 만회하다 get into one's head 생각을 품다
cut out a pattern 옷감을 재단하다 reluctantly 마지못해서 catch 이해하다, 알다
under the canopy 도대체 spruce 가문비나무 in a whisper 낮은 목소리로

"I wanted to be extra good today because it's an anniversary. Do you remember what happened this day last year, Marilla?"

"No, I can't think of anything special."

"Oh, Marilla, it was the day I came to Green Gables. I shall never forget it. It was the turning point in my life. Of course it wouldn't seem so important to you. I've been here for a year and I've been so happy. Of course, I've had my troubles, but one can live down troubles. Are you sorry you kept me, Marilla?"

"No, I can't say I'm sorry," said Marilla, who sometimes wondered how she could have lived before Anne came to Green Gables, "no, not exactly sorry. If you've finished your lessons, Anne, I want you to run over and ask Mrs. Barry if she'll lend me Diana's apron pattern."

"Oh-it's-it's too dark," cried Anne.

"너무 캄캄하다고? 이제 겨우 초저녁이야. 그리고 넌 해가 떨어진 뒤에도 자주 나갔잖니."

"내일 아침 일찍 다녀올게요." 앤이 간절하게 말했다. "해 뜰 때 일어나서 다녀올게요, 아주머니."

"무슨 생각을 하는 게냐, 앤 셜리? 오늘 저녁에 새 앞치마를 재단하려면 견본이 필요해. 당장 다녀오너라. 바보같이 굴지 말고."

"그럼 큰길로 돌아서 다녀오는 수밖에요." 앤이 마지못해 모자를 집어 들면서 말했다.

"큰길로 돌아가면 30분이나 더 걸리잖니! 왜 그러는지 알 수가 없구나!"

"유령의 숲을 지나갈 수가 없어요, 아주머니." 앤이 간절한 얼굴로 울먹이며 말했다. 마릴라는 앤을 빤히 쳐다봤다.

"유령의 숲이라니! 제정신이니? 유령의 숲이 대체 뭐란 말이냐?"

"개울 건너에 있는 가문비나무 숲이요." 앤이 들릴 듯 말 듯한 목소리로 대답했다.

"말도 안 돼! 유령의 숲 같은 건 없어. 누가 그런 말을 하든?"

"Too dark? Why, it's only twilight. And goodness knows you've gone over often enough after dark."

"I'll go over early in the morning," said Anne eagerly. "I'll get up at sunrise and go over, Marilla."

"What has got into your head now, Anne Shirley? I want that pattern to cut out your new apron this evening. Go at once and be smart too."

"I'll have to go around by the road, then," said Anne, taking up her hat reluctantly.

"Go by the road and waste half an hour! I'd like to catch you!"

"I can't go through the Haunted Wood, Marilla," cried Anne desperately. Marilla stared.

"The Haunted Wood! Are you crazy? What under the canopy is the Haunted Wood?"

"The spruce wood over the brook," said Anne in a whisper.

"Fiddlesticks! There is no such thing as a haunted wood anywhere. Who has been telling you such stuff?"

💬 Anne에게도 기념일이 생겼네요. 초록 지붕 집에 온 지 어느새 일 년이 되었습니다. Anne은 처음 이곳에 오던 날을 떠올리면서 "I shall never forget it. It was the turning point in my life.(전 절대로 잊지 못해요. 제 인생의 전환점이 된 날이니까요.)" 이렇게 말합니다. 지난 일 년을 돌아보면서 Anne은 "I've been so happy. Of course, I've had my troubles, but one can live down troubles.(정말 행복하게 지내고 있어요. 물론 제가 말썽도 많이 피웠지만, 그런 건 살면서 만회할 수 있으니까요.)"라고 말하면서, 한 해 동안의 생활이 행복했음을 떠올립니다. 그러면서 Marilla에게 "Are you sorry you kept me, Marilla?(저를 키우기로 하신 걸 후회하세요, 아주머니?)"라고 묻습니다.

Marilla에게 지난 일 년은 어떤 시간이었을까요? 독자인 우리도 Anne처럼 '상상'을 해 봅시다. Anne의 예상치 못한 질문에 감정 표현이 풍부하지 않은 Marilla의 대답은 "No, I can't say I'm sorry(아니다, 후회한다고 말할 수 없지)" 이게 전부지만, 'sometimes wondered how she could have lived before Anne came to Green Gables.(가끔 앤이 초록 지붕 집에 오기 전에는 어떻게 살았나 싶을 때가 있었다.)'라는 말을 통해 Marilla의 마음을 설명해 줍니다. 지금까지의 삶이 통째로 뒤바뀌는 경험이 아니었을까요?

감상에 젖는 것도 잠시, Marilla는 Anne에게 심부름을 부탁합니다. Barry 부인에게 가서 Anne의 새 앞치마를 만들 견본을 빌려 오라고 하지요. Anne에게 앞치마가 왜 필요한 걸까요? 지금은 주로 요리할 때 입는 게 앞치마지만, 당시에는 여학생들이 갖춰 입는, 지금으로 말하자면 '교복' 같은 옷이었습니다. 'apron'이라 칭한 이 옷은 'pinafore'라고도 하는데요, 아이들의 옷이 더러워지지 않도록 입히는 긴 앞치마를 말합니다. 몸을 거의 덮는 길이의 치마로, 허리나 어깨에 딱 맞게 조이는 부분인 'yoke(요크)'가 있고 등에는 단추가 달린 형태가 일반적이었다고 합니다. 보통은 팔이 없는 형태지만 긴팔 형태도 있었다고 하며, 아무 무늬가 없는 패턴부터 체크 패턴, 그리고 자수가 들어간 패턴까지 다양했다고 합니다. 여자아이들이 바지를 입는다는 건 상상할 수 없던 시대이니, 드레스 위에 팔 없는 조끼 형태의 긴 치마를 덧입었다고 생각하면 쉽게 그림이 그려집니다.

그런데 Anne이 캄캄하다고 하며 다녀오기를 주저합니다. 하지만 이제 막 해가 진 초저녁인데 어두워서 갈 수 없다고 하니 Marilla는 의아합니다. 오늘 저녁에 앞치마를 재단하려면 견본이 필요하니 어서 다녀오라고 재촉하자, Anne은 마지못해 모자를 집어 들고 "I'll have to go around by the road, then(그럼 큰길로 돌아서 다녀오는 수밖에요)"이라고 합니다. 30분이나 더 걸려도 돌아서 가겠다고 하니 Marilla는 "I'd like to catch you!(왜 그러는지 알 수가 없구나!)" 이처럼 답답해서 죽을 지경입니다. 계속된 Marilla의 추궁(?)에 Anne은 작은 목소리로 'the Haunted Wood(유령의 숲)' 때문이라고 합니다.

일 년을 돌아보며 의젓한 아이처럼 말하다가 언제 그랬냐는 듯 금세 어린아이처럼 구는 모습에 웃음이 납니다. 여기 언급된 유령의 숲은 작가의 어린 시절 일기에도 등장합니다. 어렸을 적 어두운 길을 혼자 가다가 무섭게 느껴진 경험이 한 번쯤은 다 있지요. '유령' 얘기도 마찬가지고요. 하지만 어른인 Marilla로서는 이해하기 힘듭니다. "There is no such thing as a haunted wood anywhere.(유령의 숲 같은 건 없어.)"라고 딱 잘라 말합니다. Anne은 친구들에게 들은 유령 이야기를 필사적으로 전해 보지만 "I've had my doubts about that imagination of yours right along, and if this is going to be the outcome of it, I won't countenance any such doings.(너의 상상력이 줄곧 마음에 걸리긴 했다만, 네 상상력의 결과가 이런 거라면 그런 것들을 더는 지지해 줄 수가 없구나.)" 이렇게 말하며 Anne이 무서워하는 가문비나무 숲으로 끌고 가서 얼른 다녀오라고 합니다.

Marilla는 Anne의 상상력에 대해서 작품 처음부터 걱정했습니다. 기독교적인 사상을 강하게 지닌 Marilla에게 '상상'이란 '헛된 생각'에 불과했지요. 그런 Marilla와 상상을 빼고서는 말할 수 없는 Anne이 만나서 행복한 일 년을 보냈습니다. 자신을 키우기로 한 것을 후회하는지 직접 물을 수 있을 만큼 둘 사이에는 신뢰도 생겼지요.

Marilla의 방법이 통했던걸까요? 공포에 가득 차서 Barry 아주머니에게 다녀온 Anne은 쫓아오는 게 없었는지 묻는 Marilla의 말에 "I'll b-b-be contented with c-c-commonplace places after this.(아주머니, 앞으로는 평, 평범한 데 마, 만족할래요.)" 이렇게 대답합니다.

겁에 질려서 잠시 든 생각일까요, 아니면 앞으로 Anne은 정말 상상보다 현실을 바라보는 아이로 성장하게 될까요?

*Write a favorite sentence

_____

_____

6월의 마지막 날, 에이번리의 학생들은 Philiips 선생님을 떠나보낸다. 여자아이들은 한 명이 울기 시작하자 함께 울고 남자아이들은 울지 않았는데, 선생님이 마지막 인사를 할 때 또다시 울음이 터졌다고 말한다. 더불어, 이번에 새로 오시는 목사님과 사모님을 만났다는 얘기도 전한다. 새로 부임한 목사와 그의 부인은 인상 좋은 젊은 부부였고, 선하고 참다운 열정으로 가득했다. 에이번리 사람들은 처음부터 두 사람에게 마음을 연다. Anne 역시 주일학교에서 Anne의 반을 맡은 Allan 부인을 금세 진심으로 좋아하게 된다.

Marilla는 조만간 Allan 목사님 내외를 초대하겠다고 하고, Anne에게 케이크 만드는 일을 맡긴다. 마침내 손님이 방문하고, 잘 차려진 음식을 먹은 뒤라 Allan 부인은 케이크를 사양하지만, Anne의 실망하는 얼굴을 본 Marilla는 Allan 부인을 위해서 Anne이 직접 만들었다고 말하며 조금이라도 맛볼 것을 권한다. 잔뜩 기대했던 Anne은 자신이 케이크에 베이킹파우더 대신 Marilla가 약병을 깨뜨려서 바닐라 통에 담아 둔 진통제를 넣었다는 걸 알게 된다. 비록 맛있는 케이크는 맛보지 못했지만, Allan 부인은 누구나 저지를 수 있는 재미있는 실수라고 하면서 맥이 빠져서 축 처진 Anne을 데리고 작은 꽃밭으로 향한다.

어느 날, 우체국에 갔다가 돌아온 Anne이 한껏 들떠 있는 모습을 보고 Marilla가 무슨 일인지 묻는다. Anne은 Allan 부인에게서 내일 오후에 목사관으로 차 마시러 오라는 초대를 받았다며 뛸 듯이 기뻐한다. Marilla는 주일학교 아이들 모두를 차례대로 초대하려고 하는 거니 들뜨지 말고 상황을 차분히 받아들이는 법을 배우라고 하지만, 그건 Anne에게 천성을 바꾸라는 말만큼이나 어려운 일이다. 문을 나서는 Anne에게 Marilla는 네가 어떻게 할지 신경 쓰기보다는 어떻게 해야 상대방이 좋아할지 신경을 쓰라는 조언을 한다. Anne은 그 말뜻을 금세 이해하고 예절에 어긋남 없이 무사히 방문을 마치고 돌아온다. Anne은 돌아오는 길에 Lynde 부인에게서 이사회가 새로운 여자 선생님을 채용했다는 말을 들었고, 그녀가 너무 보고 싶어서 개학까지 남은 2주가 한없이 길게 느껴진다.

목사관에서 차를 마시고 난 일주일 후에 Diana가 파티를 연다. 아이들은 아주 즐겁게 지냈지만, 차를 마시고 나니 금세 지루해졌고 Barry 씨네 정원으로 나가서 한창 유행하는 '도전 놀이'를 한다. 쉽게 도전하기 어려운 걸 하도록 서로 자극하고, 머뭇거리면 겁쟁이로 만드는 분위기에 Anne은 발끈하며 위험한 도전을 하겠다고 나선다. 모두가 말렸지만 Anne은 자존심이 걸려 있다며 지붕 위를 걷다가 미끄러지는 바람에 발목이 부러져 6-7주는 집에서 있어야 하는 신세가 된다.

Day 19

스테이시 선생님과 학생들이 발표회를 계획하다

필립스 선생님이 가시고 스테이시 선생님이 새로 부임합니다.
앤은 다친 다리를 회복하느라 새로운 선생님을 뒤늦게 만나게 됩니다.
앤은 새로운 선생님과 잘 지낼까요?

새로운 선생님은 앤에게 진실하고 도움이 되는 또 한 명의 친구가 되어 주었다. 스테이시 선생님은 밝고, 이해심이 많은 젊은 여성이었다. 제자들로부터 사랑을 얻고, 그들에게 애정을 품고 정신적으로나 도덕적으로 아이들이 지닌 잠재력을 최대한으로 끌어내는 재능을 지녔다. 앤은 선생님에게서 건전한 영향을 받아 꽃처럼 활짝 피어났다. 집에 돌아와서는 감탄을 잘하는 매슈와 비판을 잘하는 마릴라에게 학교 공부와 목표에 대해서 기대에 찬 말들을 했다.

"전 스테이지 선생님이 진심으로 좋아요, 아주머니. 선생님은 정말 여성스럽고 목소리도 너무나 예뻐요. 제 이름을 부르실 때 선생님이 끝에 꼭 'e'를 넣으신다는 걸 본능적으로 느낄 수 있다니까요. 오늘 낮에 낭송했어요. 아주머니도 그 자리에서 제가 〈스코틀랜드의 여왕, 메리〉를 암송하는 걸 들으셔야 했는데. 정말 영혼을 다 바쳐서 했거든요. 집에 돌아오는 길에 루비 길리스가 말하길, 제가 '여자가 말했네. 이제 내 아버지를 위해 여인의 마음을 버리겠노라'라는 대목을 말할 때 소름이 끼쳤대요."

Miss Stacy and Her Pupils Get up a Concert

win someone's affection ~의 애정을 얻다　wholesome 건전한
make one's blood run cold 소름 끼치게 만들다　meditatively 골똘히 생각에 잠겨서
schoolful 전교생　field afternoon 오후 야외 수업

In the new teacher she found another true and helpful friend. Miss Stacy was a bright, sympathetic young woman with the happy gift of winning and holding the affections of her pupils and bringing out the best that was in them mentally and morally. Anne expanded like a flower under this wholesome influence and carried home to the admiring Matthew and the critical Marilla glowing accounts of schoolwork and aims.

"I love Miss Stacy with my whole heart, Marilla. She is so ladylike and she has such a sweet voice. When she pronounces my name I feel instinctively that she's spelling it with an E. We had recitations this afternoon. I just wish you could have been there to hear me recite 'Mary, Queen of Scots.' I just put my whole soul into it. Ruby Gillis told me coming home that the way I said the line, 'Now for my father's arm, she said, my woman's heart farewell,' just made her blood run cold."

"그럼 언제 한번 헛간에서 나한테도 들려주렴." 매슈가 말했다.

"물론이죠, 아저씨." 앤이 골똘히 생각에 잠겨 대답했다. "하지만 그렇게 잘하지는 못할 거예요. 전교생이 제 앞에 숨죽이고 앉아 있을 때만큼 짜릿하진 않을 테니까요. 그래서 아저씨를 소름 끼치게 해 드리진 못할 거예요."

"린드 부인이 지난 금요일에 소름이 쫙 끼쳤다고 하더구나. 벨 씨네 언덕에서 남자아이들이 까마귀 둥지를 찾는다면서 커다란 나무 꼭대기까지 올라가는 걸 봤다면서 말이야. 그것도 스테이시 선생님이 독려한 게 아닌지 모르겠구나."

"자연 학습 시간에 까마귀 둥지가 필요했어요." 앤이 설명 했다. "그날 낮에 야외 수업이 있었거든요. 야외 수업은 정말 환상적이에요, 아주머니. 그리고 스테이시 선생님은 모든 걸 아주 잘 설명하세요. 야외 수업이 있는 날은 작문도 해야 하는데, 제가 제일 잘 써요."

"Well now, you might recite it for me some of these days, out in the barn," suggested Matthew.

"Of course I will," said Anne meditatively, "but I won't be able to do it so well, I know. It won't be so exciting as it is when you have a whole schoolful before you hanging breathlessly on your words. I know I won't be able to make your blood run cold."

"Mrs. Lynde says it made her blood run cold to see the boys climbing to the very tops of those big trees on Bell's hill after crows' nests last Friday," said Marilla. "I wonder at Miss Stacy for encouraging it."

"But we wanted a crow's nest for nature study," explained Anne. "That was on our field afternoon. Field afternoons are splendid, Marilla. And Miss Stacy explains everything so beautifully. We have to write compositions on our field afternoons and I write the best ones."

💬 Anne의 삶은 초록 지붕 집 이전의 삶과 이후의 삶으로 극명하게 나뉩니다. 운명처럼 초록 지붕 집에 오던 날, 자신을 기차역에서 돌려보내지 않고 집으로 데리고 온 Matthew 아저씨는 그야말로 은인 중의 은인이라고 할 수 있습니다. 아저씨가 아니었다면 Anne은 지금 주변에 있는 소중한 사람들을 만날 기회를 영영 얻지 못했을 테니 말이지요. 이해할 수 없는 점투성이지만 자신에게 최선을 다하는 Marilla 아주머니와 평생의 소원이던 단짝 Diana를 만났고, 드디어 Anne이 닮고 싶은 스승도 만나게 됩니다. 바로 오늘 장면에 등장하는 Stacy 선생님인데요, 'In the new teacher she found another true and helpful friend.(새로운 선생님은 앤에게 진실하고 도움이 되는 또 한 명의 친구가 되어 주었다.)'라는 문장을 통해 그녀가 어떤 선생님인지 궁금증이 반은 풀리는 듯합니다.

'좋은 선생님'이란 어떤 선생님일까요? 정해진 답은 없겠지만, 작가는 Stacy 선생님을 이상적인 선생님의 모델 중 하나로 제시합니다. Stacy 선생님은 'bringing out the best that was in them mentally and morally(정신적으로나 도덕적으로 아이들이 지닌 잠재력을 최대한으로 끌어내는)' 능력을 지닌 선생님입니다. 또한, "She is so ladylike and she has such a sweet voice.(선생님은 정말 여성스럽고 목소리도 너무나 예뻐요.)", "Miss Stacy explains everything so beautifully.(스테이시 선생님은 모든 걸 아주 잘 설명하세요.)"라는 Anne의 말들로 미루어 보아, 우아하고 다정한 분위기로 아이들을 사로잡는 선생님이라는 것을 짐작할 수 있습니다. 머릿속에 자연스럽게 이미지가 떠오르지요?

하지만 학생들이 느끼는 것과는 달리, 어른들은 Stacy 선생님의 여러 가지 새로운 시도에 불안한 시선을 보내기도 합니다. 특히 Marilla는 Lynde 부인에게 들은 아이들이 위험해 보이는 장면을 이야기하면서 "I wonder at Miss Stacy for encouraging it. (그것도 스테이시 선생님이 독려한 게 아닌지 모르겠구나.)"이라는 다소 냉소적인 말을 합니다. 또한 선생님이 진행하는 야외 수업, 암송 시간, 체조 활동 모두를 곱지 않은 시선으로 바라봅니다. 선생님과 학생들이 성탄절 밤에 회관에서 발표회를 열고, 그날 모인 기금으로 학교에 국기를 세우자는 목표도 세우지만, 'Marilla thought it all rank foolishness.(마릴라는 전부 어리석은 짓이라고 생각했다.)' 식으로 매번 부정적인 반응을 보입니다.

발표회니 뭐니 하는 이야기를 들으면서 Marilla는 "It's just filling your heads up with nonsense and taking time that ought to be put on your lessons.(머릿속에 허튼 생각만 잔뜩 채워 넣고 공부할 시간을 빼앗아 가는 거야.)"라고 말하며 노골적으로 반대합니다. 하지만 Anne은 "A flag will cultivate a spirit of patriotism.(국기는 애국심을 길러 줄 거예요.)"이라고 대답합니다.

1800년대 후반 캐나다의 공식 국기는 빨간 깃발이었습니다.

캐나다의 정식 국기가 아닌 영국 상선의 깃발을 조금 변형해서 쓰는 것에 불과했죠. 그러다가 1867년 캐나다 연방이 결성된 이후 자신들만의 정체성을 드러내는 국기의 필요성을 인식하기 시작했다고 합니다. 그렇게 해서 1874년 Ottawa(오타와)의 국회의사당 건물에 처음으로 캐나다의 공식 국기가 걸리게 됩니다.

작품 속 Stacy 선생님의 국기에 관한 관심은 캐나다의 애국심 교육이 어떻게 이루어졌는지 알 수 있는 단서를 제공합니다. Anne이 '국기'와 '애국심'을 연결 지어 생각할 수 있는 건 교육 없이는 불가능하기 때문이죠. 학교에서 구체적으로 어떤 교육이 이루어지는지 알지 못하는 Marilla는 "Fudge! There's precious little patriotism in the thoughts of any of you. All you want is a good time.(허튼소리! 너희 중에 애국심을 생각하는 아이들은 거의 없을 거다. 그저 재미있게 놀고 싶을 뿐이지.)"이라고 맞받아칩니다. 국기에 대한 필요성을 이제 막 인식하기 시작한 때이니 충분히 이해되는 말입니다.

Anne의 교육에는 일절 관여하지 않겠다고 Marilla와 약속한 Matthew지만, "Well now, I reckon it's going to be a pretty good concert. And I expect you'll do your part fine.(그래, 아주 재미있는 발표회가 되겠구나. 너도 네 역할을 멋지게 해낼 거라 믿는단다.)" 이렇게 Matthew만의 방법으로 Anne을 가르칩니다. 교육에서 한발 물러나 있었던 Matthew이기에 가능했는지도 모릅니다.

이 장면에는 없지만, 이번 장을 마무리하는 마지막 문장은 오래도록 기억하고 싶습니다.

A little 'appreciation' sometimes does quite as much good as all the conscientious 'bringing up' in the world.'

(작은 '격려'가 때로는 세상의 모든 올바른 '교육'만큼이나 이로운 법이다.)

* Write a favorite sentence

_____

_____

Marilla는 Anne이 자신의 작문 실력을 뛰어나다고 말하는 건 자만하는 거라고 말한다. Anne은 Stacy 선생님이 기하학을 쉽게 가르쳐 주시기는 하지만 그래도 절대 잘하지는 못할 듯하다고 하면서, 그러니 자기는 절대로 자만할 수 없다고 대답한다.

Anne은 요즘 위인들에 대해 작문을 하고 있는데, 자기도 나중에 위인전에 나올 만큼 훌륭한 사람이 되고 싶다는 소망을 말한다. 그리고 날마다 체조도 하고 있는데, 몸도 예뻐지고 소화도 잘된다고 했다는 선생님의 말씀을 전한다. 그러나 Marilla는 야외 수업, 작문, 체조 그 어느 하나 마음에 들지 않는다. Marilla는 아이들에게 그런 활동은 머릿속에 온통 쓸데없는 생각만 집어넣고, 공부할 시간을 빼앗아 간다고 생각한다.

성탄절 저녁에 있을 발표회 이야기도 하고, 학교에 국기를 세우기 위한 모금에 대해서도 말하지만 Marilla는 여전히 냉소적이다. Anne은 Marilla를 설득하기를 포기하고, 다락방에서 연습할 때 소리가 조금 새어 나와도 이해해 달라고 한다. 하지만 Marilla는 자신은 이 호들갑이 얼른 다 끝나고 Anne이 얌전해지기만을 바란다고 말하면서, Anne이 하는 활동들을 못마땅해한다.

한숨을 쉬며 뒤뜰로 나간 Anne은 Matthew 아저씨는 자신을 이해해 주고 자신의 이야기를 귀담아들어 줄 거라 확신하며 발표회 이야기를 꺼낸다. Matthew는 Anne의 기대를 저버리지 않고 잘할 거라 믿는다는 따뜻한 응원의 말을 건넨다.

어스름하게 땅거미가 내려온 12월 저녁, 부엌으로 들어와서 장화를 벗던 Matthew는 Anne과 학교 친구들이 복도를 지나 부엌으로 몰려오는 것을 알고 얼른 몸을 숨긴다. 그렇게 한동안 Anne과 친구들이 발표회 연습을 하는 모습을 지켜보다가, Matthew는 Anne이 친구들과 어딘가 다르다는 걸 알아챈다.

Day 20

매슈가 퍼프 소매를 고집하다 1

카모디에 혼자 나갔다가 아무 소득 없이 돌아온 매슈는
이 상황을 매듭짓는 데 도움을 줄 여자가 필요하다는 결론을 내립니다.
매슈는 누구에게 부탁하러 갈까요?

"흑설탕이잖아요!" 마릴라가 소리쳤다. "무슨 생각으로 이렇게나 많이 산 거예요? 일꾼들 오트밀을 끓일 때나 검은 과일 케이크를 만들 때가 아니면 쓸 일이 전혀 없어요. 제리도 그만뒀고, 우리가 먹을 케이크는 진작에 만들어 놨어요. 저런, 좋은 설탕도 아니네요. 알갱이가 거칠고 색도 짙어요. 윌리엄 블레어 씨가 이런 설탕은 잘 가져다 놓질 않는데."

"음… 언제가는 쓸모가 있겠지 싶어서 샀어." 매슈가 그럴듯하게 상황을 빠져나갔다.

매슈는 앤의 옷 문제를 곰곰이 생각하다가 이 상황을 마무리 지어 줄 여자가 필요하다고 결론을 내렸다. 마릴라는 아니었다. 마릴라는 단번에 매슈의 계획에 찬물을 끼얹을 게 뻔했다. 린드 부인뿐이었다. 매슈가 에이번리에서 감히 조언을 구할 사람은 린드 부인뿐이었다. 그리하여 매슈는 린드 부인을 찾아갔다. 그리고 그 마음씨 좋은 부인은 잔뜩 지친 남자의 손에서 즉시 짐을 덜어 주었다.

Matthew Insists on Puffed Sleeves #1

coarse (입자가) 굵은   come in handy 쓸모가 있다   cope with 상황에 대처하다
throw cold water 찬물을 끼얹다   harassed 잔뜩 지친   get wind of ~을 눈치채다
mite 조금, 약간   as like as two peas 똑 닮다   speck 한 점

"Brown sugar!" exclaimed Marilla. "Whatever possessed you to get so much? You know I never use it except for the hired man's porridge or black fruit cake. Jerry's gone and I've made my cake long ago. It's not good sugar, either–it's coarse and dark–William Blair doesn't usually keep sugar like that."

"I-I thought it might come in handy sometime," said Matthew, making good his escape.

When Matthew came to think the matter over he decided that a woman was required to cope with the situation. Marilla was out of the question. Matthew felt sure she would throw cold water on his project at once. Remained only Mrs. Lynde; for of no other woman in Avonlea would Matthew have dared to ask advice. To Mrs. Lynde he went accordingly, and that good lady promptly took the matter out of the harassed man's hands.

"앤에게 선물해 줄 드레스를 대신 골라 달라고요? 그러고말고요. 내일 카모디에 나가서 잘 살펴볼게요. 특별히 생각해 둔 게 있나요? 없다고요? 뭐, 그렇다면 제가 알아서 할게요. 앤한테는 짙은 갈색이 잘 어울릴 거예요. 그리고 윌리엄 블레어네 글로리아 옷감이 새로 들어왔던데 정말 예뻐요. 아마 옷을 짓는 것 역시도 제가 했으면 하시겠지요. 보아하니, 마릴라가 만들면 앤에게 주기도 전에 눈치채게 되고, 깜짝 선물은 물 건너가니까요. 그럼, 내가 할게요. 아니요, 귀찮을 거 조금도 없어요. 난 바느질을 좋아하거든요. 내 조카인 제니 길리스에게 맞게 만들면 되겠네요. 그 애가 앤하고 체형에 있어서만큼은 아주 똑 닮았거든요."

"저, 정말 고마워요." 매슈가 말했다. "그리고… 잘은 모르지만… 그… 요즘에는 소매를 예전에 만들던 거랑은 좀 다르게 만드는 것 같더라고요. 너무 무리한 부탁이 아니라면… 요, 요즘 스타일이면 좋겠어요."

"퍼프 소매요? 물론이죠. 그거라면 요만큼도 걱정할 필요 없어요, 매슈. 소매는 최신 유행하는 거로 만들게요." 린드 부인이 대답했다.

"Pick out a dress for you to give Anne? To be sure I will. I'm going to Carmody tomorrow and I'll attend to it. Have you something particular in mind? No? Well, I'll just go by my own judgment then. I believe a nice rich brown would just suit Anne, and William Blair has some new gloria in that's real pretty. Perhaps you'd like me to make it up for her, too, seeing that if Marilla was to make it Anne would probably get wind of it before the time and spoil the surprise? Well, I'll do it. No, it isn't a mite of trouble. I like sewing. I'll make it to fit my niece, Jenny Gillis, for she and Anne are as like as two peas as far as figure goes."

"Well now, I'm much obliged," said Matthew, "and-and-I dunno-but I'd like-I think they make the sleeves different nowadays to what they used to be. If it wouldn't be asking too much I-I'd like them made in the new way."

"Puffs? Of course. You needn't worry a speck more about it, Matthew. I'll make it up in the very latest fashion," said Mrs. Lynde.

💬 집에 돌아온 Matthew가 Anne과 친구들이 발표회 연습 중인 걸 보고는 한쪽 구석으로 몸을 피합니다. 그렇게 Matthew는 아이들이 모자를 쓰고 겉옷을 입고서는 재잘거리는 모습을 가만히 지켜봅니다. 그러던 중 'Matthew suddenly became conscious that there was something about her different from her mates. (문득 매슈는 앤이 친구들과 무언가 다르다는 느낌을 받았다.)' 이렇게 Matthew는 Anne의 모습이 어딘가 모르게 친구들과 다르다고 느낍니다. 그리고 'And what worried Matthew was that the difference impressed him as being something that should not exist.(더욱 걱정된 건 다르지 않아야 할 것이 다르다는 점이었다.)'라며 그 이유를 고민합니다. 두 시간 동안 골똘히 생각한 끝에 Matthew는 Anne이 친구들과 다른 옷을 입고 있다는 걸 생각해 냅니다.

앞에서 주일학교에 가는 첫날, Marilla가 만들어 준 세 벌의 드레스를 보면서 소매 때문에 실망하는 Anne의 이야기가 있었습니다. 그런 Anne을 보며 Marilla도 언짢은 기색을 드러냈었고, 끝끝내 퍼프 소매 옷은 입을 수 없었습니다.

'Marilla kept her clothed in plain, dark dresses, all made after the same unvarying pattern.(마릴라는 수수하고 칙칙한 옷을 고수했다. 그것도 늘 단순한 패턴으로 만들어 입혔다.)' Matthew는 Marilla가 만들어 입힌 옷이 하나같이 똑같았다는 것을 떠올리며, 오늘 봤던 Anne의 친구들이 입고 있는 옷을 Anne은 단 한 번도 입어 본 적이 없다는 것을 깨닫습니다. Matthew는 이 일을 혼자서 해결해 보려고 무작정 카모디로 달려갔다가 애꿎은 흑설탕만 잔뜩 사 들고 돌아온 것이지요.

Marilla가 Anne을 키우며 고민이 되는 게 있을 때 Lynde 부인을 떠올리고 찾아갔듯이, Matthew 역시 'Remained only Mrs. Lynde; for of no other woman in Avonlea would Matthew have dared to ask advice.(린드 부인뿐이었다. 매슈가 에이번리에서 감히 조언을 구할 사람은 린드 부인뿐이었다.)'였기에 Lynde 부인을 찾아갑니다. Marilla에게도 따뜻하고 애정 어린 조언을 했던 Lynde 부인. Anne에게 예쁜 옷을 선물하고 싶다며 자신에게 부탁하러 달려온 Matthew를 보고 어찌 흔쾌히 허락하지 않을 수 있었을까요?

이 당시 여성들의 주된 일 중 하나는 작품에서도 볼 수 있듯이 바느질, 그리고 요리였습니다. 여성이라면 누구나 꼭 배워야 하는 일이었지요. 손에 천 조각을 들고 바느질을 하는 부인들의 모습을 담은 그림들도 어렵지 않게 볼 수 있습니다. 작품 초반에 꼼꼼하지 못한 Anne에게 행주 삶기부터 하나하나 집안일을 가르치려 하는 Marilla와 바느질은 영 따분하다고 여기는 Anne의 모습이 종종 등장합니다. Lynde 부인은 요리도 요리지만 바느질 솜씨가 매우 뛰어납니다. 여기저기 다 참견하면서도 침대보 만들기를 게을리하지 않는 Lynde 부인의 대단한 능력이 첫 장에 묘사된 바가 있지요. Matthew의 부탁을 흔쾌히 허락하고, 옷감과 스타일에 대해서도 꿰뚫고 있는 Lynde 부인의 모습에서 '에이번리 마을의 바느질 실력자'다운 면모가 풍깁니다.

성탄절 아침, Matthew가 준비한 선물이 마침내 Anne의 품으로 전달됩니다. 'Anne's eyes had suddenly filled with tears.(앤의 눈이 한순간에 눈물로 가득 찼다.)' Anne은 이렇게 감격의 눈물을 흘립니다. 그러고는 "It did seem to me that I'd never get over it if they went out before I had a dress with them.(퍼프 소매 옷을 입어 보지도 못하고 유행이 지나 버리면 평생 한이 될 것 같았어요.)"이라고 말하며 Marilla에게 핀잔을 들은 이후로 꼭꼭 묻어 두었던 퍼프 소매에 대한 미련을 토로합니다.

초록 지붕 집의 Anne은 여전히 우리 곁에 함께 있습니다. 시대를 불문하고 '유행'이 있다는 데 미소 짓게 되고, 애꿎은 흑설탕만한가득 사 들고 온 Matthew의 모습을 떠올리면 코끝이 찡해지니까요.

*Write a favorite sentence

Lynde 부인은 어렵게 Anne의 옷을 부탁한 Matthew와 늘 단조로운 옷만 입고 다니는 Anne을 생각하면서 흐뭇해한다. Lynde 부인은 또한 속으로 Anne의 옷에 대해서 Marilla에게 얘기해 주고 싶었던 적이 많이 있었음을 떠올린다. 아이에게 어른인 자기 식대로 절제만 강요하다 보면 겸손한 마음을 기르기는커녕 시기심과 질투를 키울 가능성이 더 크다는 말도 한다.

한편, 2주의 시간이 흐르는 동안 Marilla는 Matthew 오라버니에게 무언가 꿍꿍이가 있음을 눈치채지만, 그것이 정확히 무엇인지는 꿈에도 생각하지 못한다. 크리스마스이브에 Lynde 부인이 새 옷을 만들어서 나타났고, Marilla가 만들면 Anne이 눈치챌까 봐 자신이 만들었다고 적당히 둘러댄다. Marilla는 소매로 옷을 한 벌 더 만들 수 있을 거라는 둥, 이런 옷은 아이의 허영심만 채워 줄 뿐이라는 둥 딱딱하게 말하지만 말 속에는 이전보다 너그러움이 담겨 있다.

성탄절 아침이 밝아 오고, 에이번리는 온통 하얗게 눈으로 뒤덮인다. Anne은 Matthew가 건네는 선물을 받고 너무나 감격해서 눈물을 흘리고, 아무 일 없는 듯이 아침 식사를 하기엔 너무나 가슴이 벅차다고 말하면서 식사를 하는 대신 눈으로 예쁜 드레스를 즐기겠다고 한다.

드디어 발표회 시간이 다가오고, Anne은 자신에게 너무나도 잘 어울리는 옷을 입고 그날 밤 발표회에서 별처럼 빛이 난다. Anne과 Diana는 황홀했던 발표회를 떠올리며 집으로 돌아온다.

매슈가 퍼프 소매를 고집하다 2

앤 덕분에 20년 만에 발표회에 가 본 매슈와 마릴라는
앤을 그 어느 날보다 자랑스러워하며
미래를 그려 봅니다.

"남자애들도 연극을 잘하지 않았니?" 다이애나가 말했다. "길버트 블라이드도 정말 멋졌어. 앤, 나는 네가 길버트한테 너무 못되게 대하는 거 같아. 내 말을 끝까지 들어 봐. 네가 요정 대사를 하고 무대에서 뛰어 내려올 때 네 머리에서 장미 한 송이가 떨어졌거든. 길버트가 그걸 주워서 자기 가슴 주머니에 꽂는 걸 봤어. 봐 봐. 너는 낭만적인 아이니까 이런 일은 기뻐해야 해."

"그 애가 뭘 하든 나한테는 아무 의미 없어." 앤이 딱딱하게 말했다. "걔를 생각하면서 쓸데없이 낭비할 시간이 없어, 다이애나."

그날 밤, 20년 만에 처음으로 발표회에 참석한 마릴라와 매슈는 앤이 잠든 뒤에도 한동안 부엌 난롯가에 앉아 있었다.

"글쎄다. 내가 보기엔 우리 앤이 제일 잘하는 거 같더구나." 매슈가 자랑스러워하며 말했다.

"그렇더군요". 마릴라도 인정했다. "똑똑한 아이예요, 오라버니. 그리고 정말 예뻤어요. 발표회를 한다는 계획을 내켜 하지 않았어요. 그런데 특별히 나쁠 게 없어 보이더군요. 아무튼, 오늘 밤은

Matthew Insists on Puffed Sleeves #2

dialogue 대화(본문에서는 '연극'을 의미) loftly 딱딱하게 bright 똑똑한
opposed to ~에 반대하는 scheme 계획 by and by 머지않아, 곧 spell 한동안
off and on 어쩌다가 한 번씩 all the better for ~ 때문에 더 나은, 좋아진

"Wasn't the boys' dialogue fine?" said Diana. "Gilbert Blythe was just splendid. Anne, I do think it's awful mean the way you treat Gil. Wait till I tell you. When you ran off the platform after the fairy dialogue one of your roses fell out of your hair. I saw Gil pick it up and put it in his breast pocket. There now. You're so romantic that I'm sure you ought to be pleased at that."

"It's nothing to me what that person does," said Anne loftly. "I simply never waste a thought on him, Diana."

That night Marilla and Matthew, who had been out to a concert for the first time in twenty years, sat for a while by the kitchen fire after Anne had gone to bed.

"Well now, I guess our Anne did as well as any of them," said Matthew proudly.

"Yes, she did," admitted Marilla. "She's a bright child, Matthew. And she looked real nice too. I've been kind of

정말 앤이 자랑스러웠어요. 물론 앤한테는 아무 말도 하지 않을 거지만요."

"글쎄다. 나는 앤이 자랑스러워서 위층으로 올라가기 전에 앤에게 그렇게 말해 줬다." 매슈가 말했다. "내 생각엔 앤의 앞날을 위해서 우리가 뭘 할 수 있는지도 생각을 해야 할 듯싶구나, 마릴라. 머지않아 저 아이에겐 에이번리의 학교보다 더 나은 곳이 필요할 거야."

"그런 거라면 아직 생각할 시간이 많이 있어요." 마릴라가 말했다. "돌아오는 3월에 이제 겨우 열세 살이 되는걸요. 하지만 오늘 밤에 보니 훌쩍 컸다는 생각도 들더군요. 그건 어디까지나 린드 부인이 옷을 너무 길게 만들어서 키가 더 커 보여서 그래요. 저 아이는 배우는 속도가 빠르니까 나중에는 퀸스 학교에 보내는 게 우리가 해 줄 수 있는 최선이 아닐까 생각해요. 하지만 한두 해 동안은 아직 그런 얘기를 꺼낼 필요가 없죠."

"글쎄다. 한 번씩은 그런 생각을 해 보는 것도 나쁠 건 없지." 매슈가 말했다. "그런 일은 생각을 많이 하면 하는 만큼 더 좋은 법이니까."

opposed to this concert scheme, but I suppose there's no real harm in it after all. Anyhow, I was proud of Anne tonight, although I'm not going to tell her so."

"Well now, I was proud of her and I did tell her so 'fore she went upstairs," said Matthew. "We must see what we can do for her some of these days, Marilla. I guess she'll need something more than Avonlea school by and by."

"There's time enough to think of that," said Marilla. "She's only thirteen in March. Though tonight it struck me she was growing quite a big girl. Mrs. Lynde made that dress a mite too long, and it makes Anne look so tall. She's quick to learn and I guess the best thing we can do for her will be to send her to Queen's after a spell. But nothing need be said about that for a year or two yet."

"Well now, it'll do no harm to be thinking it over off and on," said Matthew. "Things like that are all the better for lots of thinking over."

💬 Marilla가 그렇게도 싫어했던 발표회가 성공적으로 끝났습니다. 말이 입 밖으로 나오지 않는 떨리는 순간에 "I thought of my lovely puffed sleeves and took courage.(내 아름다운 퍼프 소매를 떠올리고 용기를 냈어.)"라는 말을 할 만큼 Matthew 아저씨의 강력한 선물 덕분에 Anne은 발표회에서 별처럼 빛이 납니다. 훌륭하게 잘 자란 Anne이 너무나 자랑스러우면서도 동시에 무언가 가슴을 찡하게 스쳤기 때문이었을까요? Anne은 부푼 가슴을 안고 행복한 잠에 빠졌겠지만, Matthew와 Marilla는 그렇지 못합니다.

Matthew는 똑똑하고 아름답게 빛나는 Anne을 위해서 무언가 더 많은 걸 줄 때가 되었음을 느낍니다. "We must see what we can do for her some of these days, Marilla.(내 생각엔 앤의 앞날을 위해서 우리가 뭘 할 수 있는지도 생각을 해야 할 듯싶구나, 마릴라.)" 이렇게 말을 꺼내죠. Matthew는 'something more than Avonlea school(에이번리 학교보다 더 큰 곳)'을 염두에 둡니다. 반에서 1등을 겨루고, 학교 행사에서도 똑 부러지게 자신의 역할을 기대 이상으로 해내는 Anne에게 에이번리는 너무 좁은 무대가 될 수도 있다는 생각을 합니다.

앞에서도 한차례 살펴본 바 있듯이, 《빨강 머리 앤》이 출간된 시대에는 여자아이들은커녕 남자아이들도 꾸준히 학교를 다니는 게 쉽지 않았습니다. 그런 분위기 속에서 친딸도 아닌 Anne을 더 큰 곳으로 보낼 생각도 해 보는 Matthew와 Marilla가 얼마나 교육열이 높은 사람들인지 짐작할 수 있습니다.

그런가 하면 Anne에게는 아직 해결하지 못한 마음의 빚이 남아 있습니다. 바로 Gilbert와의 관계인데요, 발표회에서 돌아오는 길에 Diana는 조심스럽게 말을 꺼냅니다. "Anne, I do think it's awful mean the way you treat Gil.(앤, 나는 네가 길버트한테 너무 못되게 대하는 거 같아.)"이라고 말하면서 Anne은 모르고 있을 Gilbert의 섬세한 행동을 말해 줍니다. 가까운 친구가 보기에도 너무 심하다고 느껴질 만큼 Anne의 마음속 앙금은 영 풀릴 줄을 모릅니다. 후속편에서는 달라지지만, 시리즈의 첫 권인《빨강 머리 앤》속에서 두 사람은 작품이 거의 끝나갈 때까지 서로 이렇다 할 화해의 순간을 만들지 못합니다.

마음속 감정을 겉으로 표현하는 데 아주 서툰 Marilla는 Anne이 그토록 자랑스러우면서도 "Anyhow, I was proud of Anne tonight, although I'm not going to tell her so.(아무튼, 오늘 밤은 정말 앤이 자랑스러웠어요. 물론 앤한테는 아무 말도 하지 않을 거지만.)"라고 합니다. 반면 Matthew는 더 말수가 적은 사람이지만 오히려 꼭 필요한 순간에 한 번씩 자신의 감정을 솔직히 드러내지요. "I was proud of her and I did tell her so 'fore she went upstairs.(나는 앤이 자랑스러워서 위층으로 올라가기 전에 앤에게 그렇게 말해 줬다.)" 처럼 중요한 말은 놓치지 않습니다.

Diana에게는 세상 그 누구보다 달콤한 우정의 말들을 쏟아 내는 Anne이 Gilbert에게는 어쩌면 그렇게 잔인하게 굴까요? Diana와 Gilbert를 향한 양극의 감정은 사실은 같은 감정이 아닐까요? Anne이 보기에도 Gilbert는 참 괜찮은 아이인데, 그걸 인정하기엔 Anne의 자존심이 허락하지 않는 것이지요.

아직 작가는 독자의 추측에 맡기고 있습니다. Gilbert는 Anne에게 중요한 주변 인물인 만큼 상황을 반전시킬 수 있는 극적인 상황이 벌어질 거라 예상할 수 있습니다.

Anne이 더 늦기 전에 Marilla처럼 속으로 생각만 하지 말고, Matthew처럼 말을 전해야 하는 중요한 순간을 놓치지 않기를 바라 봅니다.

*Write a favorite sentence

발표회를 끝낸 에이번리의 학생들은 단조로운 일상이 따분하게 느껴진다. Anne 역시 Diana에게 발표회가 일상을 해칠까 봐 걱정이라고 하면서 Marilla가 발표회를 반대한 이유를 알 것 같다고 한다. 하지만 결국 에이번리 학교는 예전의 생활을 되찾고 전에 즐기던 관심거리들로 눈을 돌렸다.

겨울이 흘러가고, Anne이 열세 살이 되는 생일이 된다. Anne은 Diana에게 아침에 일어나니 세상이 달라진 것만 같았다고 말한다. 둘은 다른 친구들이 몇 살이 되면 무슨 일을 하고 싶은지 말하던 이야기를 나눈다. Diana는 선생님이 내 주신 작문 숙제를 걱정하는데, 숲을 주제로 쓰는 건 어느 정도 쓸 수 있을 거 같지만 이야기를 직접 지어내라고 하신 건 눈앞이 캄캄하다고 한다. Anne은 상상력만 있다면 이야기를 만들어 내는 건 아주 쉽다고 하면서, 자신이 지은 이야기를 들려준다. Anne은 Diana에게 글쓰기 연습을 하는 모임을 만들자고 제안하고, 그렇게 해서 이야기 클럽이 탄생한다.

늦은 4월의 어느 저녁, 봉사회 모임에 다녀오는 Marilla는 겨울이 가고 봄이 왔다는 걸 깨닫는다. 집에 돌아가면 Anne이 차를 준비해 뒀을 거라는 생각에 돌아가는 발걸음이 즐겁다. 그런데, 부엌에 들어가니 부엌에는 불이 꺼져 있고, Anne의 모습도 보이지 않았다. 서둘러 옷을 갈아입고 직접 차를 준비한 Marilla는 Anne이 이야기를 쓰고 연극 연습을 하는 데 마음을 뺏겨서 자기 할 일을 소홀히 한다며 당장 다 그만두게 해야겠다고 생각한다.

촛불이 필요한 Marilla는 Anne의 방에 세워 둔 초가 생각나서 가지러 간다. 촛불을 켜고 돌아서던 마릴라는 침대에 누워 있는 Anne을 보고 깜짝 놀란다. Anne에게 어디가 아픈지 묻지만, Anne은 꼼짝도 하지 않는다. Marilla가 끈질기게 물으니 Anne은 하는 수 없이 침대에서 내려와 자신의 머리카락을 보여 준다. 자세히 들여다보니 Anne의 머리가 초록색이다. 낮에 집 앞을 지나는 행상인의 말을 믿고 염색약을 산 것이다. Marilla와 함께 머리를 감아 보지만, 아무리 비누칠을 해도 색은 빠지지 않는다. 결국, 머리를 자르기로 한다. Anne은 짧은 머리로 학교에 가게 되고 학생들 사이에서 큰 화젯거리가 되지만, 다행히 머리를 자른 이유는 아무도 눈치채지 못한다.

여름이 되고, Anne은 친구들과 연못에 모여서 학교에서 배운 Elaine (일레인) 연극 놀이를 하는 중이다. 누가 일레인을 맡을 것인가 의견이 분분하다가 Anne이 맡게 되고, 그렇게 Anne은 배에 누워 떠내려간다.

평온하게 떠 가던 Anne은 배에 물이 들어오는 걸 보고 자신이 위험에 처했음을 즉각 알아차린다. 천만다행으로 미끄러운 기둥에 매달렸지만 아무도 구하러 오지 않아서 걱정하던 차에 Gilbert가 노를 저으며 나타난다.

Day 22

불행한 백합 아가씨

미끄러운 다리 기둥에 매달려 구조를 기다리던 앤 앞에
길버트가 가장 먼저 나타나서 도움을 줍니다.
그리고 앤과 길버트는 잠시 이야기를 나눕니다.

"어떻게 된 거야, 앤?" 길버트가 노를 저으며 말했다. "우린 일레인 연극을 하고 있었어." 앤이 자신을 구해 준 길버트에게 눈길도 주지 않고 차갑게 대답했다. "나는 배에 실려서 캐멀롯까지 떠내려가던 중이었고-내 말은 납작한 배 말이야. 배에 물이 새기 시작해서 내가 기둥에 매달려 있었던 거야. 애들이 도와줄 사람을 찾으러 갔어. 미안하지만 나를 나루터까지 좀 데려다줄래?"

길버트는 친절하게 나루터까지 노를 저어 가 주었고, 앤은 도움받기를 거부하고 물가로 재빠르게 뛰어내렸다.

"정말 고마워." 앤이 도도하게 말하며 몸을 돌렸다. 그런데 길버트가 날렵하게 배에서 뛰어나와 앤의 팔을 잡았다.

"앤," 길버트가 다급하게 말했다. "나 좀 봐 봐. 우리 좋은 친구로 지낼 수 없을까? 예전에 네 머리를 가지고 놀려서 정말 미안해. 널 화나게 할 마음은 없었어. 그냥 장난이었을 뿐이야. 그리고 이제 오래전 일이잖아. 지금은 네 머리가 아주 예쁘다고 생각해. 정말이야. 우리 친구로 지내자."

An Unfortunate Lily Maid

frigidly 차갑게 barge (바닥이 납작한) 배 landing 나루터 obligingly 친절하게
disdain (수치스러워서) 거부하다 nimbly 민첩하게 haughtily 도도하게 detain 붙잡다
vex 화나게 하다, 짜증나게 하다 stiffen 강화하다 allay 가라앉히다

"What has happened, Anne?" asked Gilbert, taking up his oars. "We were playing Elaine," explained Anne frigidly, without even looking at her rescuer, "and I had to drift down to Camelot in the barge-I mean the flat. The flat began to leak and I climbed out on the pile. The girls went for help. Will you be kind enough to row me to the landing?"

Gilbert obligingly rowed to the landing and Anne, disdaining assistance, sprang nimbly on shore.

"I'm very much obliged to you," she said haughtily as she turned away. But Gilbert had also sprung from the boat and now laid a detaining hand on her arm.

"Anne," he said hurriedly, "look here. Can't we be good friends? I'm awfully sorry I made fun of your hair that time. I didn't mean to vex you and I only meant it for a joke. Besides, it's so long ago. I think your hair is awfully pretty now-honest I do. Let's be friends."

앤은 잠깐 망설였다. 상처 입은 자존심 속에서 이상하고 새로운 자각이 생겼다. 길버트의 갈색 눈동자 안에 담긴 반쯤은 수줍고 반쯤은 간절한 표정이 보기 좋았다. 앤의 심장이 빠르고 조금 묘하게 뛰었다. 그러나 오래전 느꼈던 씁쓸한 슬픔이 되살아나서 앤은 흔들리는 결심을 단단하게 붙잡았다. 2년 전의 장면이 어제 일처럼 생생히 되살아났다.

길버트는 앤을 '홍당무'라고 부르고 전교생 앞에서 망신을 줬다. 다른 사람이나 앤보다 나이가 많은 사람들에게는 그 원인만큼이나 우스웠을지 모르지만, 앤의 분노는 시간이 흘러도 겉으로는 조금도 가라앉거나 누그러지지 않았다. 앤은 길버트 블라이드가 미웠다! 절대로 용서할 마음이 없다!

"아니" 앤이 냉랭하게 대답했다. "너랑은 친구로 지내지 않을 거야, 길버트 블라이드. 그러고 싶지 않아!"

"좋아!" 길버트는 화가 나서 벌게진 얼굴로 배에 뛰어올랐다. "나도 다시는 친구 하자고 말하지 않을 거야, 앤 셜리. 나도 이제 신경 안 써!"

For a moment Anne hesitated. She had an odd, newly awakened consciousness under all her outraged dignity that the half-shy, half-eager expression in Gilbert's hazel eyes was something that was very good to see. Her heart gave a quick, queer little beat. But the bitterness of her old grievance promptly stiffened up her wavering determination. That scene of two years before flashed back into her recollection as vividly as if it had taken place yesterday.

Gilbert had called her 'carrots' and had brought about her disgrace before the whole school. Her resentment, which to other and older people might be as laughable as its cause, was in no whit allayed and softened by time seemingly. She hated Gilbert Blythe! She would never forgive him!

"No" she said coldly, "I shall never be friends with you, Gilbert Blythe; and I don't want to be!"

"All right!" Gilbert sprang into his skiff with an angry color in his cheeks. "I'll never ask you to be friends again, Anne Shirley. And I don't care either!"

💬 드디어 Anne과 Gilbert가 외나무다리에서 만나게 됩니다. 물이 들어찬 배를 떠나보내고 기둥에 간신히 매달려 있던 Anne은 Gilbert의 손을 잡지 않을 수 없는 상황이지요. 어쩌다가 이렇게 됐는지 묻는 말에 Anne은 "We were playing Elaine(우린 일레인 연극을 하고 있었어)"이라고 짧게 대답합니다. 주인공을 배에 태우고 띄워 보내기까지 하는 걸 보니, 평범한 이야기는 아닌 것 같지요? Elaine은 누구일까요?

본문 앞부분에 교육 과정에 관한 이야기가 잠시 나오는데요, 'They had studied Tennyson's poem in school the preceding winter, he Superintendent of Education having prescribed it in the English course for the Prince Edward Island schools.(지난겨울, 아이들은 학교에서 테니슨의 시를 배웠다. 교육감이 프린스 에드워드 섬에 있는 모든 학교의 영어 과정에 테니슨의 시를 포함하도록 했기 때문이다.)' 이 문장에서 보듯이 Alfred, Lord Tennyson(알프레드 테니슨 경)은 교과서에까지 실리는 유명한 영국의 시인입니다. Anne은 'It was Anne's idea that they dramatize Elaine.(일레인 이야기를 연극으로 옮겨 보자는 건 앤의 생각이었다.)' 이처럼 낭만적인 이야기를 연극으로 만들어 보자는 제안을 합니다.

Elain은 테니슨이 쓴 서사시 《Idylls of the King(국왕목가)》의 한 부분인 〈Lancelot and Elaine(랜슬롯과 일레인)〉에 나오는

인물입니다. 제목의 'Lily Maid'는 바로 이 Elain을 칭하는 말인데요, 'Eiaine, the lily maid of Astolat(아스톨라트의 백합 아가씨, 일레인)' 라는 구절에서 인용한 것이지요. Astolat(아스톨라트)는 아서 왕 이야기에 나오는 지명으로, 현재 영국 England(잉글랜드)의 Surrey(서리)주 근처라고 추정합니다. 총 12편으로 이루어진 《국왕목가》는 King Arthur(아서 왕)와 그의 기사들, Guinevere (귀네비어)에 대한 사랑, 배신 등을 이야기 형태의 시로 담아내고 있습니다. Elain은 왕비 Guinevere를 마음에 두고 있는 Lancelot을 향한 희망 없는 사랑으로 괴로워하다가 죽음을 맞이하는데요, 십 대 소녀들의 감수성을 자극하기에 충분해 보입니다. 그중 특히나 감성적인 Anne은 'Anne was devoured by secret regret that she had not been born in Camelot. Those days, she said, were so much more romantic than the present.(앤은 캐멀롯에서 태어나지 않았다는, 남들은 모르는 아쉬움 때문에 슬퍼했다. 앤은 지금보다 그 시절이 훨씬 낭만적이라고 했다.)'라고 할 정도로 중세 시대의 매력적인 이야기에 푹 빠져 있었습니다.

Elaine 역할에 심취해 있던 Anne은 배에 물이 들어오는 것을 보고 나서부터는 낭만적으로 떠내려갈 수 없었습니다. 간신히 'clinging to that slippery old pile with no way of getting up or down(올라갈 데도 내려갈 데도 없는 오래되고 미끄러운 다리 기둥에 매달려 있는)' 상태로 구조를 기다려야 했습니다. 그렇게 아슬아슬하게 매달려 있는데, 보여야 할 친구들은 보이지 않고

Gilbert가 나타납니다. 상황이 긴박했던 만큼, 'Without waiting for an answer he pulled close to the pile and extended his hand. There was no help for it.(길버트는 앤의 대답을 기다리지 않고 기둥 쪽으로 배를 몰아 손을 내밀었다. 다른 방법이 없었다.)' 이렇게 Anne은 Gilbert의 도움을 받아 무사히 배에 타게 됩니다.

고맙다는 한마디만 남긴 채 야속하게 돌아서는 Anne에게 먼저 손을 내민 건 Gilbert입니다. Anne의 팔을 붙잡고 "Can't we be good friends? I'm awfully sorry I made fun of your hair that time.(우리 좋은 친구로 지낼 수 없을까? 예전에 네 머리를 가지고 놀려서 정말 미안해.)"이라는 화해의 말을 건넵니다. "Besides, it's so long ago. I think your hair is awfully pretty now-honest I do. Let's be friends.(그리고 이제 오래전 일이잖아. 지금은 네 머리가 아주 예쁘다고 생각해. 정말이야. 우리 친구로 지내자.)"라고 다시 한번 Anne에게 다가갑니다. 이 정도면 Anne은 2년 전의 일을 훌훌 털고 Gilbert가 내민 손을 잡을까요?

잠시 흔들렸지만, 그날의 사건이 생생하게 떠오른 Anne은 "I shall never be friends with you, Gilbert Blythe; and I don't want to be!(너랑은 친구로 지내지 않을 거야, 길버트 블라이드. 그리고 싶지 않아!)" 이렇게 Gilbert가 내민 마지막 손을 뿌리칩니다. 그러자 Gilbert도 "I'll never ask you to be friends again, Anne Shirley. And I don't care either!(나도 다시는 친구 하자고 말하지 않을 거야,

앤 셜리. 나도 이제 신경 안 써!)" 이렇게 화를 내고 가 버립니다.

돌아오는 길에 Anne은 'She was conscious of an odd feeling of regret. She almost wished she had answered Gilbert differently.(앤은 이상하게 후회의 감정이 밀려왔다. 길버트에게 다르게 말할 걸 그랬다는 생각마저 들 뻔했다.)'라는 마음이 들지요. 더 복잡하게 뒤엉킨 듯한 생각에 울고 싶은 Anne. 오늘만큼은 정말 'An Unfortunate Lily Maid(불행한 백합 아가씨)'입니다.

*Write a favorite sentence

_____

_____

Gilbert가 그렇게 가 버리고, Anne이 길을 반쯤 올라갔을 때 정신없이 달려오는 Jane과 Diana를 만난다. Diana는 무사한 Anne을 보고 목을 꽉 끌어안고 안도와 기쁨의 눈물을 흘린다. 어떻게 빠져나왔냐는 Diana의 질문에 Anne은 Gilbert가 구해 줬다고 대답한다. 집에 돌아와서 Anne은 Marilla에게 오늘 있었던 일을 얘기하며 교훈을 얻었다고 말한다.

9월의 어느 저녁, Diana가 기쁜 소식이 있다며 Anne을 찾아온다. 바로 Barry 할머니가 샬럿타운에 있는 박물관에 함께 가자고 초대한 것이다. Anne은 Marilla 아줌마가 허락하지 않을 거라 생각한다. 걱정과는 달리 Marilla는 Anne이 샬럿타운에 가는 걸 허락하고, 약속한 화요일이 되어 Barry 씨가 둘을 할머니 집에 데려다준다.

응접실에 앉은 Anne과 Diana는 웅장한 집을 보며 감탄한다. Barry 할머니는 수요일에 Anne과 Diana를 박람회장에 데리고 가서 종일 구경시켜 준다. 목요일에는 마차를 타고 공원에 가서 산책을 했고, 저녁에는 유명한 오페라 여가수가 노래하는 음악회에 갔다. Anne에게는 기쁨이 반짝반짝 눈앞에 펼쳐지는 저녁이다. 금요일이 되자 Barry 씨가 아이들을 데리러 오고, Anne은 할머니에게 감사의 인사를 드리며 작별한다.

Anne과 Diana는 처음 출발할 때만큼이나 집으로 돌아오는 길이 즐겁다. Anne은 자신을 기다리는 집이 있다는 사실에 기뻐한다. 부엌으로 뛰어들자 따뜻한 저녁 식사가 차려진 식탁이 Anne을 기다리고 있다. Marilla는 Anne이 없는 동안 허전했다고 말하면서, 나흘이 이렇게나 긴 줄 몰랐다고 한다. 저녁 식사를 마친 뒤 Anne은 Marilla와 Matthew 사이 난롯가에 자리를 잡고 앉아 그동안 있었던 일을 들려준다. Anne은 정말 멋진 시간이었고 자기 인생에서 획기적인 사건이라 생각하지만, 그중에서도 가장 좋았던 건 집으로 돌아오는 길이라고 말하며 이야기를 끝맺는다.

Day 23

퀸스 입시 준비반이 만들어지다 1

스테이시 선생님이 다녀가셨다는 말에
앤은 혹시라도 좋지 않은 말이 오고 갔을까 봐 걱정합니다.
선생님은 어떤 말을 전했을까요?

"그래, 스테이시 선생님이 상급반 학생 중에서 퀸스 입시 시험을 치르길 원하는 학생들을 위한 반을 만들었으면 하신단다. 방과 후에 한 시간씩 과외 수업을 하실 생각이라고 하시더구나. 그래서 오라버니하고 내게 널 그 반에 넣고 싶은지 물으러 오셨단다. 네 생각은 어떠니, 앤? 퀸스 학교에 가서 선생님이 되고 싶니?"

"아, 마릴라 아주머니!" 앤이 무릎을 세우고 두 손을 맞잡았다. "제가 평생 꿈꾸던 일이에요. 그러니까, 지난 여섯 달 동안 루비랑 제인이 입시 공부 얘기를 할 때부터요. 하지만 저한테는 아무 소용 없는 일 같아서 말씀 안 드렸어요. 정말 선생님이 되고 싶어요. 하지만 돈이 아주 많이 들지 않나요? 프리시 앤드루스는 기하학을 그렇게 못하지 않았는데도 학교를 마치는 데 150달러가 들었다고 앤드루스 아저씨가 그러셨거든요."

The Queens Class Is Organized #1

pass for 시험에 합격하다   straighten (자세를) 바로 하다
believe in ~이 좋다고 생각하다   just well to be ~하는 편이 좋다   dunce 학습 부진아
credit 자랑스러운 사람   pamper 보살피다   vanity 자만심

"Well, Miss Stacy wants to organize a class among her advanced students who mean to study for the entrance examination into Queen's. She intends to give them extra lessons for an hour after school. And she came to ask Matthew and me if we would like to have you join it. What do you think about it yourself, Anne? Would you like to go to Queen's and pass for a teacher?"

"Oh, Marilla!" Anne straightened to her knees and clasped her hands. "It's been the dream of my life-that is, for the last six months, ever since Ruby and Jane began to talk of studying for the Entrance. But I didn't say anything about it, because I supposed it would be perfectly useless. I'd love to be a teacher. But won't it be dreadfully expensive? Mr. Andrews says it cost him one hundred and fifty dollars to put Prissy through, and Prissy wasn't a dunce in geometry."

"그런 부분이라면 걱정할 필요 없단다. 오라버니와 내가 너를 키우기로 했을 때, 우린 너에게 할 수 있는 만큼 다 해 주고 교육도 부족함 없이 받게 하겠다고 마음먹었단다. 난 그럴 필요가 있든 없든 여자도 자기 생계를 꾸릴 정도의 능력을 갖추는 게 좋다고 생각하거든. 오라버니와 내가 여기 있는 한 초록 지붕 집은 네 집이지만, 이 불확실한 세상에서 앞일을 누가 알겠니? 대비해 두는 편이 좋지. 그러니 너만 좋다면 퀸스 입시 준비반에 들어가도 된다, 앤."

"아, 아주머니, 고맙습니다." 앤은 마릴라의 허리를 꽉 껴안았다. 그러고는 마릴라의 얼굴을 진지하게 올려다보며 말했다. "아줌마와 아저씨께 말할 수 없이 감사해요. 제가 정말 열심히 공부해서 두 분께 자랑스러운 아이가 되도록 최선을 다할게요. 미리 말씀드리자면, 기하학 점수는 크게 기대하지 마세요. 하지만 다른 과목들은 열심히 공부하기만 하면 전혀 문제없을 거예요."

"넌 충분히 잘 해낼 거다. 스테이시 선생님도 네가 영리하고 부지런하다고 하시더구나." 마릴라는 스테이시 선생님이 한 말을 그대로 전하지는 않았다. 혹시라도 앤이 자만할까 봐 걱정되어서였다.

"I guess you needn't worry about that part of it. When Matthew and I took you to bring up we resolved we would do the best we could for you and give you a good education. I believe in a girl being fitted to earn her own living whether she ever has to or not. You'll always have a home at Green Gables as long as Matthew and I are here, but nobody knows what is going to happen in this uncertain world, and it's just as well to be prepared. So you can join the Queen's class if you like, Anne."

"Oh, Marilla, thank you." Anne flung her arms about Marilla's waist and looked up earnestly into her face. "I'm extremely grateful to you and Matthew. And I'll study as hard as I can and do my very best to be a credit to you. I warn you not to expect much in geometry, but I think I can hold my own in anything else if I work hard."

"I dare say you'll get along well enough. Miss Stacy says you are bright and diligent." Not for words would Marilla have told Anne just what Miss Stacy had said about her; that would have been to pamper vanity.

💬 1877년 캐나다에서는 'Public School's Act(공교육 법령)'가 제정됩니다. 5세부터 16세까지의 아이들을 위한 무상 교육 규정을 담고 있는데요, 특히 8세에서 13세까지의 아이들은 1년에 최소한 12주를 의무적으로 교육받도록 하였습니다. 12주만 의무 등교 기간으로 정한 건 농장에서 아이들의 일손이 필요할 경우를 참작해서였다고 합니다.

이 법령 이후 1879년에는 1855년에 설립된 Province(주(州))의 공립학교들이 Prince of Wales College로 합쳐지고 여자들에게도 문을 열면서, 여자들도 남자들과 마찬가지로 일정 수준 이상의 교육을 받을 기회가 주어졌습니다. 1879년 이후에는 고등학교 과정과 같은 college(대학 준비나 자격증을 딸 수 있는 전문학교)에 진학할 수 있었습니다. Anne이 준비하는 퀸스는 선생님이 될 수 있는 자격증을 딸 수 있는 college인 셈이지요. 'university degree(학사 학위)'를 받으려면 여전히 주(州)를 벗어나야 했지만, 고등학교 과정 이수와 함께 사범학교 자격증을 받으면 여자는 16세, 남자는 18세에 교사가 될 수 있었습니다. 지금의 기준으로는 교사가 되기엔 다소 이른 나이로 느껴질 수 있지만, 이 당시에는 비현실적인 일이 아니었습니다. 당시 시골 교사들의 평균 나이는 17세에서 23세 사이였고, 작가인 몽고메리 역시 처음 교사 일을 시작했을 때 나이가 스무 살이었다고 합니다. 작품 속에서 Anne은 17세에 선생님이 됩니다.

조금 더 들여다보면, 당시 교사는 세 등급으로 나뉘어져 있었습니다. 남자 Third Class(3급) 교사의 월급은 180달러, 남자 First Class(1급) 교사는 300달러였던데 반해서 여자는 같은 등급이어도 각각 130달러와 230달러로 차이가 났습니다. 이러한 임금의 차이는 고용주들이 여자 교사를 선호하게 하는 데 일조했습니다. 임금에 대한 부담이 낮아지니까요. 하지만 여자 교사들에게는 학교에서나 학교 밖에서나 흠잡을 데 없는 품행을 기대했고, 결혼하면 교사 일을 그만두는 것을 당연하게 여기는 분위기였습니다. 반면 남자들에게 있어서 교직은 대학에 진학해서 더 나은 직업을 찾기 위한 자금을 마련할 수 있는 좋은 '디딤돌'이었습니다. 그래서 남자들은 자격증을 받은 후에 교사가 되었다고 하더라도 학교에서 높은 위치에 있지 않은 한 더 나은 조건의 직업을 찾고자 했고, 교사를 평생 직업으로 삼는 일은 드물었다고 합니다.

에이번리 학교에 Stacy 선생님이 오게 된 건 학생들에게 너무나 운이 좋은 일이었습니다. 입시 준비를 위한 과목을 가르칠 수 있는 역량이 있는 선생님이 입시 준비반을 결성해서 직접 지도하고 싶다고 하지요. Marilla를 찾아와서 Anne도 함께 했으면 좋겠다고 말할 만큼 열정이 느껴집니다.

"Would you like to go to Queen's and pass for a teacher?(퀸스 학교에 가서 선생님이 되고 싶니?)"라는 Marilla의 질문에 Anne은 "It's been the dream of my life.(제가 평생 꿈꾸던 일이에요.)"라고

대답합니다. Anne은 교사라는 직업에 대해서 "I think it's a very noble profession.(선생님은 정말 고귀한 직업이라고 생각해요.)" 이렇게 생각하고 있습니다. 자연을 탐구하고, 작문 수업, 발표회를 통해서 자신을 표현하는 방법을 가르쳐 준 Stacy 선생님 덕분이지요.

학비를 걱정하는 Anne에게 "When Matthew and I took you to bring up we resolved we would do the best we could for you and give you a good education.(오라버니와 내가 너를 키우기로 했을 때, 우린 너에게 할 수 있는 만큼 다 해 주고 교육도 부족함 없이 받게 하겠다고 마음먹었단다.)"이라고 말하는 Marilla입니다. 더불어, "I believe in a girl being fitted to earn her own living whether she ever has to or not.(난 그럴 필요가 있든 없든 여자도 자기 생계를 꾸릴 정도의 능력을 갖추는 게 좋다고 생각하거든.)" 이런 말을 덧붙입니다. Matthew와 Marilla는 여성의 교육과 사회 활동을 적극적으로 지지하는 사람들이었음을 알 수 있습니다. 그리고 이러한 인물 설정의 배경에는 앞서 설명한 여성이 동등하게 교육받을 기회를 활짝 열어 준 법령 제정이 밀접한 관련이 있습니다.

Anne은 "I'm extremely grateful to you and Matthew. And I'll study as hard as I can and do my very best to be a credit to you.(아줌마와 아저씨께 말할 수 없이 감사해요. 제가 정말 열심히 공부해서 두 분께 자랑스러운 아이가 되도록 최선을 다할게요.)" 이렇게

감사의 마음을 표현합니다.

    Matthew와 Marilla에게 듬뿍 받은 사랑을 아이들에게 전해 주는 Anne Shirley 선생님을 상상해 봅니다.

*Write a favorite sentence

_____

_____

퀸스 입시 준비반이 계획대로 결성된다. Gilbert Blythe, Anne Shirley, Ruby Gillis, Jane Andrews, Josie Pye, Charlie Sloane, 그리고 Moody Spurgeon Macpherson이 입시 준비반에서 함께 공부하게 된다. Diana는 부모님이 퀸스에 보낼 생각이 없다고 해서 들어가지 않았다. Diana의 동생인 Minnie May가 후두염을 앓았던 밤부터 Anne과 Diana는 무슨 일을 하든 떨어져 본 적이 없어서 Anne은 크게 실망한다. 입시 준비반이 방과 후 학교에 남아 첫 과외 수업을 받는 날, Anne은 다른 아이들 틈에 섞여서 느릿느릿 교실을 나가는 Diana를 지켜보면서 같이 따라가고 싶은 마음이 굴뚝 같았지만 참는다.

Gilbert와 Anne의 경쟁이 공공연하게 시작된다. 지금까지는 Anne 혼자 일방적으로 경쟁했지만, 이젠 Gilbert도 Anne처럼 1등을 놓치지 않기로 한 듯했다. Gilbert는 Anne에게 좋은 경쟁 상대였고, 나머지 학생들은 두 사람의 성적이 월등하다는 것을 인정하고 Anne, Gilbert와의 경쟁은 꿈도 꾸지 않는다.

Gilbert는 연못에서 Anne에게 친구로 지내자며 사과했다가 거절당한 이후로 Anne의 존재를 무시한다. Anne은 무시당하는 게 유쾌하지만은 않다. 아무 상관 없는 척해 보지만, 소용이 없다. 기억나는 사건과 해묵은 감정들로 분노를 채워 보려고 하지만 호수에서 만난 그날, 마지막 분노가 사라진 느낌이다. Anne은 그렇게 자신도 모르게 Gilbert를 용서했다는 것을 깨닫지만, 되돌리기엔 너무 늦었다.

그런 감정을 빼면 입시 공부를 하는 것은 즐거웠다. Anne은 행복했고, 열의로 가득했으며, 모든 게 흥미로웠다. 그러는 사이 다시 봄이 찾아오고, 아름다운 꽃들이 피어난다. 그러자 모두 공부에 대한 흥미가 살짝 떨어진다. 학교가 끝나고 남은 입시 준비반 학생들은 창밖으로 친구들이 오솔길과 나무가 우거진 숲과 방목지의 샛길로 흩어지는 모습을 부러운 눈으로 바라보곤 한다. 그렇게 학기가 끝나고 선생님도 학생들도 방학이 시작되는 게 반갑다. Josie Pye가 Stacy 선생님에게 내년에도 이 학교에 남아 있을 계획인지 물었고, Stacy 선생님은 다른 학교로 옮길까 고민도 했지만 에이번리 학생들과 정이 많이 들어서 남기로 했다고 말한다. 학생들이 기뻐했고, Anne 역시 다른 선생님이 온다면 공부를 계속할 마음이 나지 않을 만큼 Stacy 선생님이 남아 계신다는 게 기쁘다.

다음 날 오후, 무슨 일이 있지 않고서는 빠질 리가 없는 Marilla가 목요 봉사회에 나오지 않은 것을 의아하게 여긴 Lynde 부인이 집으로 찾아온다. Marilla는 Matthew가 심장 발작을 일으켜서 곁을 지키느라 그랬다는 사정을 말한다. 둘은 차를 마시며 이야기를 더 나눈다.

퀸스 입시 준비반이 만들어지다 2

마릴라를 찾아온 린드 부인은
할 얘기를 마치고 마릴라의 집을 나서면서 앤에 대해
어떻게 생각하는지 먼저 말을 꺼낸다.

린드 부인과 마릴라가 응접실에 편히 앉아 있는 동안 앤은 차를 내리고 비스킷을 구워 내왔다. 비스킷은 린드 부인의 비평을 받지 않기에 충분할 만큼 부드럽고 하얗게 잘 구워졌다.

"앤이 참 야무지게 잘 컸어요." 린드 부인이 해 질 무렵 오솔길 끝까지 배웅하는 마릴라에게 말했다. "앤이 마릴라한테 큰 도움이 되겠어요."

"그렇답니다." 마릴라가 대답했다. "요즘은 정말 차분하고 듬직해졌어요. 덤벙대는 성격을 고치지 못하면 어쩌나 걱정했었는데, 정말 좋아져서 이제는 무슨 일이든 믿고 맡길 수 있죠."

"3년 전에 내가 여기 와서 앤을 처음 봤을 땐 이렇게 잘 자랄 줄은 생각도 못 했어요." 린드 부인이 말했다. "세상에, 그렇게 성질을 부려 대던 모습을 어찌 잊을 수 있을까요! 제가 그날 저녁 집에 가서 토머스에게 그랬었죠. '두고 봐요, 토머스. 마릴라 커스버트는 자기가 택한 길을 후회하며 살게 될 거예요.' 그런데 내가 틀렸어요. 정말 다행이죠, 마릴라. 난 실수해 놓고도 절대로 인정하지 않는

The Queens Class Is Organized #2

defy 살아남다, 견디다   steady 차분한, 안정적인   featherbrained 덤벙대는
tantrum 성냄   rue 후회하다   bring to 이끌다   own up 인정하다
cipher 암호화하다, 규정하다   nothing short of 아주 ~한   overly 몹시   peony 작약

Mrs. Rachel and Marilla sat comfortably in the parlor while Anne got the tea and made hot biscuits that were light and white enough to defy even Mrs. Rachel's criticism.

"I must say Anne has turned out a real smart girl," admitted Mrs. Rachel, as Marilla accompanied her to the end of the lane at sunset. "She must be a great help to you."

"She is," said Marilla, "and she's real steady and reliable now. I used to be afraid she'd never get over her featherbrained ways, but she has and I wouldn't be afraid to trust her in anything now."

"I never would have thought she'd have turned out so well that first day I was here three years ago," said Mrs. Rachel. "Lawful heart, shall I ever forget that tantrum of hers! When I went home that night I says to Thomas, says I, 'Mark my words, Thomas, Marilla Cuthbert'll live to rue the step she's took.' But I was mistaken and I'm real glad of it. I ain't one

그런 사람은 아니랍니다. 그렇고 말고요. 내가 앤을 잘못 봤어요. 하지만 세상에 그처럼 별나고 예측할 수 없는 아이는 없을 테니 그렇게 생각하지 않기도 힘들죠. 다른 아이들에게 적용하는 잣대로는 앤을 규정할 수가 없어요. 지난 3년간 얼마나 발전했는지 정말 놀랍다니까요. 특히 외모가 그래요. 아주 예쁜 소녀가 됐어요. 저렇게 창백하고 눈이 큰 얼굴이 제 취향은 아니지만요. 나는 다이애나 배리나 루비 길리스처럼 선이 굵고 생기 있는 얼굴빛이 좋아요. 루비 길리스의 얼굴은 정말 화려하죠. 그런데, 나도 왜 그런지는 모르겠지만, 앤이 다이애나나 루비의 반만큼도 예쁘지 않은데도 앤이랑 같이 있으면 그 애들의 얼굴이 너무 평범하거나 너무 꾸민 듯하게 보인단 말이죠. 앤이 뭐랄까, 마치 붉은 작약들 사이에 피어 있는 하얀 수선화 같다니까요."

of those kind of people. Marilla, as can never be brought to own up that they've made a mistake. No, that never was my way, thank goodness. I did make a mistake in judging Anne, but it weren't no wonder, for an odder, unexpecteder witch of a child there never was in this world, that's what. There was no ciphering her out by the rules that worked with other children. It's nothing short of wonderful how she's improved these three years, but especially in looks. She's a real pretty girl got to be, though I can't say I'm overly partial to that pale, big-eyed style myself. I like more snap and color, like Diana Barry has or Ruby Gillis. Ruby Gillis's looks are real showy. But somehow-I don't know how it is but when Anne and them are together, though she ain't half as handsome, she makes them look kind of common and overdone-something like them white June lilies she calls narcissus alongside of the big, red peonies, that's what."

💬 Anne이 처음 초록 지붕 집에 왔을 때를 떠올려 볼까요? 볼품 없이 마르고 주근깨 가득한 얼굴에 말도 많고 덤벙거리고, 때론 성질도 곧잘 부리던 아이였지요. Anne을 처음부터 지켜본 Lynde 부인은 야무지게 잘 큰 Anne의 현재 모습에 놀라지 않을 수 없습니다. Anne과 Lynde 부인의 첫 만남은 특히나 인상 깊었으니까요. 오죽하면 집에 돌아가서 남편인 Thomas에게 "Mark my words, Thomas, Marilla Cuthbert'll live to rue the step she's took.(두고 봐요, 토머스. 마릴라 커스버트는 자기가 택한 길을 후회하며 살게 될 거예요.)" 이렇게 말했을까요?

하지만 이제 3년 전 Anne의 모습은 거의 찾아볼 수 없습니다. Marilla는 "she's real steady and reliable now. I used to be afraid she'd never get over her featherbrained ways, but she has and I wouldn't be afraid to trust her in anything now.(요즘은 정말 차분하고 듬직해졌어요. 덤벙대는 성격을 고치지 못하면 어쩌나 걱정했었는데, 정말 좋아져서 이제는 무슨 일이든 믿고 맡길 수 있죠.)" 라고 말하면서 Anne이 자신에게 큰 도움이 되고 있음을 말합니다. Lynde 부인도 "I did make a mistake in judging Anne.(내가 앤을 잘못 봤어요.)"이라고 말하면서 처음에 자신이 Anne에 대해서 가졌던 생각이 틀렸음을 인정합니다.

이렇게 보니 작품 초반에 Lynde 부인과 Anne이 처음 만나는 장면에서 둘의 갈등은 꼭 필요했던 장면이었음을 알 수 있습니다.

Anne이 초록 지붕 집에 왔을 때부터 말도 잘 듣고, 차분하고, 무엇이든지 시키면 알아서 척척 해내는 아이였다면 3년 후인 지금의 모습이 이렇게 감격스럽게 다가올 리 없습니다. Matthew와 Marilla가 Anne을 자랑스러워하는 마음 또한 지금 느끼는 만큼은 아닐 수도 있고 말이죠. 때문에, 소설에서 인물 간의 갈등은 둘의 갈등이 해소되는 시점에서 더 큰 문학적 카타르시스를 선사합니다. Anne이 Barry 부인과 산딸기 주스 사건으로 갈등을 겪었다가 Minnie May의 목숨을 살리면서 해결되었던 것도 같은 맥락으로 이해할 수 있습니다.

Lynde 부인은 Anne의 외모도 칭찬하는데요, 다른 아이들보다 더 빼어날 게 없는 외모라고 하면서도 "I don't know how it is but when Anne and them are together, though she ain't half as handsome, she makes them look kind of common and overdone.(그런데, 나도 왜 그런지는 모르겠지만, 앤이 다이애나나 루비의 반만큼도 예쁘지 않은데도 앤이랑 같이 있으면 그 애들의 얼굴이 너무 평범하거나 너무 꾸민 듯하게 보인단 말이죠.)"이라며 오히려 화려한 아이들 사이에서 돋보인다고 말합니다. 그러면서 Anne을 하얀 수선화에 비유하지요.

'peony'라고 불리는 '작약'은 꽃이 크고 탐스러워서 '함박꽃'이라고도 합니다. Lynde 부인은 다른 아이들의 선이 굵고 화려한 얼굴을 'red peony(붉은 작약)'에 빗대어 말하고, Anne은 'white June lilies(하얀 수선화)'에 비유합니다. '수선화'의 다른 영어 이름은 'narcissus'인데요, 그리스 신화에 등장하는 잘생긴 청년인 Narcissus(나르시스)가 물에 비친 자신을 보고 사랑에 빠져 한참 동안 들여다보다가 죽음에 이르게 되고, 그가 스러진 자리에 피어난 꽃이 '수선화'라고 해서 붙여진 이름입니다. 작가 몽고메리가 정원용 꽃 중에서 자신이 가장 좋아하는 꽃이라고 밝히기도 한 narcissus의 꽃말은 '신비', '자존심', '고결', '자기애' 입니다. Lynde 부인은 "I don't know how it is(나도 왜 그런지는 모르겠지만)"라고 하면서 Anne이 Diana나 Ruby의 반만큼도 예쁘지 않은데 왜 예쁜 아이들 속에서도 돋보이는지 모르겠다고 했지만, 뒤에서는 Anne을 바로 이 narcissus에 비유하면서 독자들에게 그 이유를 알려 주고 있는 셈입니다.

Marilla는 행여 Anne이 자만하게 될까 봐 Anne에게 직접 칭찬의 말을 건네는 경우가 거의 없습니다. Matthew에게만 가끔 말했을 뿐이죠. 이 장면에서도 직접 Anne을 키우는 Marilla의 입이 아닌 Lynde 부인의 입을 통해서 Anne의 모습이 묘사되고 있습니다.

Anne은 진심으로 자신을 아끼는 Matthew와 Marilla, 세상에 둘도 없는 진실한 친구인 Diana, 그리고 닮고 싶은 Stacy 선생님을 만나 열심히 배우면서 내면이 단단해졌습니다. 상상하는 능력은 여전히 지닌 채로 말이죠.

이야기가 절정으로 향하기 전, 작가는 처음에 독자가 지녔던 Anne에 대한 인상을 새롭게 정립하고 이야기를 이어 나갑니다.

이제 우리가 알던 천방지축 Anne이 아니라, 자신을 사랑하는
신비롭고 고결한 Anne을 만날 시간입니다.

* Write a favorite sentence

_____

_____

Anne은 행복한 여름을 맞이한다. Anne은 자연이 주는 즐거움을 만끽하면서 Diana와 밖에서 거의 살다시피 한다. Minnie May가 후두염을 앓을 때 왕진을 왔던 의사가 우연히 Anne을 보고서는 여름 내내 밖에서 실컷 놀게 하라고 조언하는 바람에 Anne은 Marilla의 잔소리를 듣지 않고 원하는 만큼 놀면서 황금 같은 여름을 보낸다. 그렇게 놀고 나니 Anne은 다시 열정적으로 공부하고 싶은 마음이 생긴다. 오랜만에 다락방에서 책들을 가져오면서 다시 한번 포부와 열의를 불태운다.

Stacy 선생님도 돌아왔다. 학생들은 또다시 공부에 대한 열의로 넘쳤다. 특히 퀸스 입시 준비반 학생들은 일 년 후 있을 '입학 시험'이라는 운명 앞에서 각오를 더욱 단단히 다진다. Anne은 겨우내 '만약 합격하지 못하면?' 이 생각이 머릿속을 맴돌았다. Gilbert Blythe의 이름은 맨 위에 적혀 있는데 Anne Shirley라는 이름은 그 어디에서도 찾을 수 없어서 애태우는 악몽을 꾸기도 하지만, 대체로 즐겁고 행복하고 바쁘게 겨울이 간다. 학생들은 공부를 즐거워했고, 경쟁이 치열하기도 했다.

이 모든 게 Stacy 선생님이 능숙하고 신중하며 너그럽게 아이들을 지도한 덕분이다. Stacy 선생님은 아이들이 스스로 생각하고 탐구하여 답을 찾도록 이끌었고, 정해진 틀을 고수하며 개혁은 탐탁지 않게 여기는

Lynde 부인과 학교 이사들이 충격을 받을 정도로 아이들을 익숙한 길에서 빠져나오게 만든다.

    Anne은 공부 외에 사교 생활도 넓혀 간다. 토론 클럽은 활발히 활동하며 발표회도 몇 차례 연다. 어른들의 파티와 거의 비슷한 파티도 있었지만, Marilla는 의사의 충고를 떠올리며 Anne의 외출을 더는 막지 않는다.

개울과 강이 만나는 곳에서

앤의 옆에 섰다가 어느새 자신의 키를 넘긴 앤을 보며
마릴라는 깜짝 놀랍니다.
기쁘면서도 왠지 모르게 허전한 감정이 드는 건 왜일까요?

그사이에 앤은 너무나 빠르게 훌쩍 자라서, 어느 날 앤의 옆에 선 마릴라는 앤의 키가 자신보다 더 큰 것에 깜짝 놀랐다.

"세상에, 앤. 언제 이렇게 자랐니!" 마릴라는 믿기지 않는 듯이 말했다. 그러고는 곧 한숨이 따라 나왔다. 마릴라는 앤의 키를 보며 이상하게도 서운함을 느꼈다. 사랑하는 법을 배워야 했었던 아이는 사라지고 지금 마릴라의 앞엔 키가 큰 열다섯 살 소녀가 진지한 눈빛으로 생각이 많은 듯한 인상을 짓고 고개를 당당히 들고 서 있다. 어린 '앤'을 사랑한 만큼 눈앞에 있는 소녀 앤도 사랑했지만, 설명할 수 없는 슬픈 상실감이 느껴졌다. 그리고 그날 밤 앤이 다이애나와 기도회에 간 뒤, 마릴라는 홀로 겨울의 황혼 속에 앉아서 실컷 울음을 터뜨렸다.

손전등을 들고 들어오던 매슈가 울고 있는 마릴라를 발견하고는 깜짝 놀라자 마릴라는 눈물이 흐르는 얼굴로 웃어 보여야 했다.

"앤 생각을 좀 하고 있었어요." 마릴라가 설명했다. "정말 많이

Where the Brook and River Meet

betweentime 그사이에   shoot up 급격히 자라다   in consternation 깜짝 놀라서
poise 태세를 취하다   sense of loss 상실감   indulge 푹 빠져서 실컷 하다
laugh through tears 눈물을 흘리면서 웃다   grief 깊은 슬픔   no less than ~에 못지않게

Betweentimes Anne grew, shooting up so rapidly that Marilla was astonished one day, when they were standing side by side, to find the girl was taller than herself.

"Why, Anne, how you've grown!" she said, almost unbelievingly. A sigh followed on the words. Marilla felt a queer regret over Anne's inches. The child she had learned to love had vanished somehow and here was this tall, serious-eyed girl of fifteen, with the thoughtful brows and the proudly poised little head, in her place. Marilla loved the girl as much as she had loved the child, but she was conscious of a queer sorrowful sense of loss. And that night, when Anne had gone to prayer meeting with Diana, Marilla sat alone in the wintry twilight and indulged in the weakness of a cry.

Matthew, coming in with a lantern, caught her at it and gazed at her in such consternation that Marilla had to laugh through her tears.

컸지 뭐예요. 내년 겨울이면 아마 우리 곁을 떠나겠죠. 앤이 너무 보고 싶을 거예요."

"집에 자주 올 수 있을 거야." 매슈가 마릴라를 위로했다. 매슈에게 앤은 여전히 4년 전 6월 어느 저녁에 브라이트 리버 역에서 집으로 데려온 작고 간절한 아이였다. "그때쯤이면 카모디까지 가는 지선 전철이 생길 거야."

"그래도 이 집에서 내내 함께 지내는 것처럼 똑같지는 않겠죠." 마릴라가 위로되지 않는 큰 슬픔을 받아들이자고 결심이라도 한 듯 우울하게 한숨을 내쉬며 말했다. "하긴. 남자들은 이런 기분을 알 리가 없죠!"

앤에게는 신체적인 변화 못지않게 다른 변화도 있었다. 말수가 적어진 것도 그중 하나였다. 어쩌면 생각도 많아지고 늘 그랬듯이 꿈도 꾸는지는 모르지만, 확실히 말을 덜 했다.

"예전에 그랬던 반만큼도 떠들지 않는구나, 앤. 거창한 표현도 줄었고. 어째서 그러니?"

"I was thinking about Anne," she explained. "She's got to be such a big girl-and she'll probably be away from us next winter. I'll miss her terrible."

"She'll be able to come home often," comforted Matthew, to whom Anne was as yet and always would be the little, eager girl he had brought home from Bright River on that June evening four years before. "The branch railroad will be built to Carmody by that time."

"It won't be the same thing as having her here all the time," sighed Marilla gloomily, determined to enjoy her luxury of grief uncomforted. "But there-men can't understand these things!"

There were other changes in Anne no less real than the physical change. For one thing, she became much quieter. Perhaps she thought all the more and dreamed as much as ever, but she certainly talked less.

"You don't chatter half as much as you used to, Anne, nor use half as many big words. What has come over you?"

💬 지난 1년 동안 Anne은 퀸스 입시 준비반에 들어가서 열심히 공부했습니다. Anne은 방학이 시작되자 그간 공부하던 모든 책을 미련 없이 가방에 넣어 버리고 여름 내내 실컷 놀겠다고 다짐했습니다.

어느 날 Minnie May가 후두염을 앓았던 밤에 왕진을 왔던 의사가 우연히 Anne을 만나고는 Marilla에게 "Keep that redheaded girl of yours in the open air all summer and don't let her read books until she gets more spring into her step.(댁의 빨강 머리 여자아이를 여름 내내 바깥에서 시간을 보내게 하세요. 활기 있게 걸을 때까지 책은 읽지 못하게 하세요.)"라고 조언을 합니다.

Anne이 들으면 뛸 듯이 기뻐할 만한 처방(?)입니다. 그래서 책을 다 치워 버린 걸까요? Anne은 이미 쉴 새 없는 공부로 지친 자신의 상태를 잘 알았나 봅니다. 어쨌든 Marilla는 의사 선생님의 말씀을 듣고 'She read Anne's death warrant by consumption in it unless it was scrupulously obeyed.(마릴라는 이 말을 곧이곧대로 따르지 않으면 앤이 죽는 거로 생각했다.)' 이렇게 생각하고 잘 따릅니다. 덕분에 Anne은 'Anne had the golden summer of her life as far as freedom and frolic went.(자유롭게 놀면서 인생에서 황금 같은 여름을 보냈다.)' 이처럼 행복한 여름을 보냅니다.

열심히 뛰놀고 난 결과일까요? 'Marilla was astonished one day, when they were standing side by side, to find the girl was taller than herself.(어느 날 앤의 옆에 선 마릴라는 앤의 키가 자신보다 더 큰

것에 깜짝 놀랐다.)' 이처럼 Anne은 훌쩍 자랍니다. 아이가 쑥쑥 잘 자라는 건 기쁜 일이건만, Marilla의 마음속에는 알 수 없는 감정이 휘몰아칩니다. 급기야는 눈물을 쏟고 말지요.

앞서 Lynde 부인이 Anne을 칭찬하는 장면에서 앞으로는 새로운 Anne의 모습을 보게 된다고 설명했습니다. 또한, Marilla와 Matthew는 이미 Anne의 미래를 놓고 이야기를 나눈 바 있습니다. 더 큰 곳에서 공부할 수 있도록 모든 지원을 아끼지 않을 생각에는 변함이 없음을 확인했지요. 그리고 Anne은 퀸스 입시를 위해 공부 중이니 초록 지붕 집을 떠날 날이 정말 얼마 남지 않았음을 느끼게 되지는 않았을까요?

Anne은 키만 부쩍 자란 게 아니라 특히 'For one thing, she became much quieter.(말수가 적어진 것도 그중 하나였다.)' 말수가 몰라보게 줄었습니다. '수다스러움'은 Anne 그 자체라고 해도 과언이 아닌 특징이었지요. 처음 기차역에서 Matthew 아저씨를 만나는 장면에서 장장 두 페이지 가까이 되는 분량이 Anne의 독백이었다는 걸 떠올려 보면 Marilla가 놀라는 게 당연하게 느껴집니다. 조용하다 못해 적막이 흐르는 초록 지붕 집을 Anne의 재잘거림이 채워 주곤 했는데 이젠 "You don't chatter half as much as you used to.(예전에 그랬던 반만큼도 떠들지 않는구나.)"라는 말을 들을 만큼 조용해졌습니다. Marilla는 이런 Anne의 변화가 마냥 기쁘기보다는 가슴 한구석이 허전한 느낌이 듭니다. 'Marilla sat alone in the wintry twilight and indulged in the weakness of a cry.(마릴라는 홀로 겨울의 황혼 속에 앉아서 실컷 울음을 터뜨렸다.)'란 문장을 읽으면서 같이 마음이 찡하고 눈시울이 붉어진다면 비록 책 속의 인물이지만 읽는 동안 Anne과 대화를 잘 나누었다는 방증입니다.

Marilla의 질문에 Anne은 "It's nicer to think dear, pretty thoughts and keep them in one's heart, like treasures.(예쁘고 소중한 생각들은 마음에 담아 두는 게 더 좋아요. 보석들처럼요.)"라고 대답합니다. 또한 "I don't like to have them laughed at or wondered over.(그런 생각들이 웃음거리가 되거나 호기심의 대상이 되는 것도 싫고요.)"라는 말도 덧붙입니다. 자기 생각을 입 밖으로 꺼내기 전에 다른 사람들에게 어떻게 받아들여질지 고민하고, 자기만 알고 싶은 이야기, 소중한 이야기는 마음속에 간직하거나, 그 이야기를 나누고 싶은 마음의 친구하고만 나누겠지요.

짐 가방을 들고 기차역에 서 있던 빨강 머리 아이 Anne이 어느새 '소녀'가 되어 가고 있습니다.

*Write a favorite sentence

_____

_____

6월이 끝나면서 학기도 끝나고, Stacy 선생님의 에이번리 학교에서의 임기도 끝난다. Anne과 Diana는 무거운 마음으로 집에 돌아온다. 둘 다 눈이 붉게 충혈된 걸 보니, 3년 전 Phillips 선생님과 헤어질 때처럼 Stacy 선생님의 작별인사도 감동적이었던 게 분명하다. Anne과 Diana는 절대 같은 학교에서 우정을 나눌 수 없음을 슬퍼하며 눈물을 흘린다. Anne은 자신이 퀸스 시험에 떨어지면 같은 학교를 더 다닐 수 있고, 예감이 좋지 않다고 말한다. 하지만 Diana는 모의시험에서도 점수를 잘 받았으니 잘 해낼 거라며 Anne을 다독인다.

월요일이 되자 Anne은 샬럿타운으로 시험을 보러 떠났고, 약속대로 Diana에게 편지를 보내 온다. Anne은 그곳의 분위기와 시험을 보러 온 학생들, 시험 문제, 시험을 치르고 난 소감과 다른 친구들 소식 등을 Diana에게 세세히 전한다. 시험을 무사히 마치고 금요일에 돌아온 Anne은 약간 지쳐 보이기는 했지만, 역경을 이겨내 뿌듯하다는 듯한 표정이다. 시험이 어땠는지 묻는 Diana의 말에 Anne은 기하학을 제외하고는 잘 본 듯하다고 대답한다.

Anne은 내내 마음속으로 Gilbert를 의식하고 있다. Gilbert에게 지는 건 생각만 해도 수치스러운 일이기 때문에 Anne은 꼭 1등을 하고 싶었다.

하지만 무엇보다 Matthew와 Marilla, 특히 Matthew를 위해서다. 하지만 Anne은 가망 없는 일이라고 생각하고, 그저 10등 안에만 들어서 Matthew의 다정한 갈색 눈동자가 자랑스럽게 빛나는 모습을 볼 수 있기만을 간절히 바란다.

시험을 본 지 2주일이 다 되어 갈 무렵, Anne은 Jane, Ruby, Josie와 함께 우체국에 들락거리면서 조마조마한 마음으로 샬럿타운 일간지를 펼쳐 본다. Moody만 신문을 들여다볼 용기가 없어서 누군가가 합격 여부를 알려 줄 때까지 기다릴 작정으로 우체국에 오지 않는다. 합격자 발표 없이 3주가 지나자 Anne은 속이 타들어 간다. 입맛도 없고 에이번리에서 일어나는 일들에 관심이 시들해진다.

그러던 어느 날 저녁, Anne은 창을 열고 그 앞에 앉아서 잠시 시험 걱정과 이런저런 근심을 내려놓고 여름 저녁의 아름다운 황혼에 취해 있다. 그때 Diana가 한 손에 신문을 흔들며 숲을 지나 통나무 다리를 건너고 비탈을 오르는 모습이 보인다.

Day 26

합격자 명단이 발표되다

합격자 발표가 없어서 속이 타들어 가는 앤에게
다이애나가 신문을 쥐고 급히 달려옵니다.
무슨 소식을 들고 오는 걸까요?

앤은 벌떡 일어섰다. 신문에 무슨 내용이 있는지 단번에 알 수
있었다. 합격자 명단이 발표된 것이다! 머리가 빙그르르 돌고
심장이 아프도록 뛰었다. 앤은 한 발짝도 뗄 수 없었다. 다이애나가
복도를 달려서 노크도 없이 방으로 뛰어 들어오기까지 한 시간은
지난 듯했다. 다이애나는 한껏 신이 나 있었다.

"앤, 합격이야." 다이애나가 외쳤다. "1등으로 합격했어. 너하고
길버트랑 같이, 공동 1등이야. 그래도 네 이름이 맨 위에 있어. 아,
정말 자랑스러워!"

다이애나는 신문을 탁자 위로 던지고서 앤의 침대 위로 쓰러졌
다. 너무 숨이 차서 더 말하기 힘들었다. 앤은 등에 불을 붙였는데,
손이 떨려서 성냥통을 뒤엎고는 성냥을 대여섯 개비나 쓰고 나서야
완수할 수 있는 임무였다. 앤은 신문을 움켜쥐었다. 합격이었다.
명단에 있는 200명 중에 앤의 이름이 가장 위에 있었다! 살맛 나는
순간이었다.

The Pass List Is Out

spring to one's feet 벌떡 일어나다 whirl 빙그르르 돌다 fling 내던지다
overset 뒤엎다 snatch 움켜쥐다 utter 말을 하다 scrape through 간신히 합격하다
quaking 떨리는 vain 헛된 presumtuous 건방진

Anne sprang to her feet, knowing at once what that paper contained. The pass list was out! Her head whirled and her heart beat until it hurt her. She could not move a step. It seemed an hour to her before Diana came rushing along the hall and burst into the room without even knocking, so great was her excitement.

"Anne, you've passed," she cried, "passed the VERY FIRST- you and Gilbert both-you're ties-but your name is first. Oh, I'm so proud!"

Diana flung the paper on the table and herself on Anne's bed, utterly breathless and incapable of further speech. Anne lighted the lamp, oversetting the match safe and using up half a dozen matches before her shaking hands could accomplish the task. Then she snatched up the paper. Yes, she had passed-there was her name at the very top of a list of two hundred! That moment was worth living for.

"정말 멋지게 해냈어, 앤" 일어나 앉아서 말할 만큼 기운을 되찾은 다이애나가 숨을 몰아쉬며 말했다. 앤은 반짝이는 눈으로 넋이 나가서 한마디도 내뱉지 못했다. "아빠가 브라이트 리버 역에서 신문을 가져오신 지 10분도 안 됐어. 신문이 오후 기차로 왔으니까 우편으로는 내일에나 도착할 거야. 그래서 합격자 명단을 보자마자 미친 듯이 달려왔지. 너희들 전부 합격이야. 무디 스퍼전까지 모두. 역사 시험은 다시 봐야 하는 조건이긴 하지만. 제인하고 루비도 꽤 잘했어. 둘 다 중위권이더라. 찰리도 그렇고. 조시는 3점 차로 간신히 합격했는데 아마 자기가 1등이라도 한 듯이 우쭐대겠지. 스테이시 선생님이 정말 기뻐하지 않으시겠니? 아, 앤, 이렇게 합격자 명단 맨 윗줄에 네 이름이 있는 걸 보는 기분이 어때? 나였다면 정말 기뻐서 정신을 못 차렸을 거야. 난 지금도 거의 정신을 못 차리겠는데, 앤 너는 봄날 저녁처럼 차분하고 침착해 보여."

"나도 속으로는 너무 황홀해." 앤이 대답했다. "하고 싶은 말이 너무 많은데 무슨 말을 해야 할지 모르겠어. 꿈도 못 꿨어. 아니야, 꿈은 꿨지. 딱 한 번! '1등을 하면 어떨까?' 하고 온몸이 떨리는 생각을 해 본 적은 한 번 있어. 내가 섬에서 1등을 한다는 생각이 헛되고 건방진 거 같았거든. 잠깐만, 다이애나. 얼른 밭으로 달려가서 매슈 아저씨한테 알려 드려야겠어. 그런 다음 큰길로 나가서 다른 아이들한테도 이 반가운 소식을 전해 주자."

"You did just splendidly, Anne," puffed Diana, recovering sufficiently to sit up and speak, for Anne, starry eyed and rapt, had not uttered a word. "Father brought the paper home from Bright River not ten minutes ago-it came out on the afternoon train, you know, and won't be here till tomorrow by mail-and when I saw the pass list I just rushed over like a wild thing. You've all passed, every one of you, Moody Spurgeon and all, although he's conditioned in history. Jane and Ruby did pretty well-they're halfway up-and so did Charlie. Josie just scraped through with three marks to spare, but you'll see she'll put on as many airs as if she'd led. Won't Miss Stacy be delighted? Oh, Anne, what does it feel like to see your name at the head of a pass list like that? If it were me I know I'd go crazy with joy. I am pretty near crazy as it is, but you're as calm and cool as a spring evening."

"I'm just dazzled inside," said Anne. "I want to say a hundred things, and I can't find words to say them in. I never dreamed of this-yes, I did too, just once! I let myself think once, 'What if I should come out first?' quakingly, you know, for it seemed so vain and presumptuous to think I could lead the Island. Excuse me a minute, Diana. I must run right out to the field to tell Matthew. Then we'll go up the road and tell the good news to the others."

💬 오늘 장면은 우리 인생에서 한 번쯤 기다려 본 '합격 발표'의 순간을 떠올리게 합니다. 정말 초조하고, 긴장되는 순간이지요. 에이번리 학교의 퀸스 입시반 학생들은 3주 가까이 결과를 기다렸습니다. Anne은 'When three weeks had gone by without the pass list appearing Anne began to feel that she really couldn't stand the strain much longer.(합격자 발표 없이 3주가 지나자, 앤은 정말이지 더는 압박감을 견딜 수가 없었다.)' 이처럼 3주가 지날 즈음 속이 바싹 타들어 갑니다.

Anne은 사실 '합격이냐 아니냐'의 문제로 걱정하는 듯 보이지는 않지요. 큰 실수를 하지 않는 한 합격은 하겠지만, Anne에게 중요한 건 '몇 등으로' 합격하느냐입니다. 결과를 기다리면서 Anne은 Diana에게 "I'd rather not pass at all than not come out pretty well up on the list.(좋은 성적으로 붙지 않을 거라면 차라리 떨어지는 게 나아.)"라고 말할 정도로 명단의 몇 번째에 자신의 이름이 오를 것인지 신경 썼습니다. 'Diana knew she meant-that success would be incomplete and bitter if she did not come out ahead of Gilbert Blythe.(다이애나는 앤의 마음을 알았다. 길버트 블라이드보다 좋은 성적을 받지 못하면 완전하지 않은 쓸쓸한 성공에 불과하다는 것을.)' 마음의 친구인 Diana는 이처럼 Anne이 왜 몇 등인지를 중요하게 생각하는지 알고 있었지요.

'She knew that all Avonlea junior was wondering which would

come out first; she even knew that Jimmy Glover and Ned Wright had a bet on the question.(에이번리의 어린 학생들도 둘 중 누가 1등을 할지 궁금해한다는 걸 앤도 알고 있었다. 지미 글로버와 네드 라이트는 이 일로 내기까지 걸었다는 걸 앤도 알고 있었다.)' 이렇게 학교 학생들이 내기까지 할 정도로 관심이 집중되어 있으니 Gilbert보다 좋은 성적을 내는 건 Anne에게 자존심이 걸린 문제가 되어 버렸습니다.

Diana 덕분에 Anne은 합격 명단이 실린 신문을 다른 친구들보다 먼저 보게 됩니다. 이 당시는 모든 공개 입학 시험의 결과를 신문에 점수까지 전부 공개했다고 합니다. 개개인의 성적을 하나하나 다 기재해서 발표했다고 하니 투명성은 신뢰할 수 있었겠지만, 수험자들은 더욱 긴장할 수밖에 없었겠지요?

실제로 작가 몽고메리의 대입시험 결과는 1893년 7월 15일 자 신문에 실렸는데요, 650점 만점에 470점을 받아서 프린스 에드워드 섬 전체 수험자 중에서 5등을 차지했다고 합니다. 그녀의 작품 속 주인공 Anne은 실제의 자신보다 훨씬 더 좋은 성적을 거둡니다. 라이벌인 Gilbert와 공동 1등을 했지만, Anne의 이름이 Gilbert보다 위에 올라 있습니다.

"Oh, Anne, what does it feel like to see your name at the head of a pass list like that?(아, 앤, 이렇게 합격자 명단 맨 윗줄에 네 이름이 있는 걸 보는 기분이 어때?)"이라고 Diana가 묻습니다.

과연 어떤 기분일까요? Diana는 "You're as calm and cool as a spring evening.(앤 너는 봄날 저녁처럼 차분하고 침착해 보여.)"이라고 말했지만, Anne은 사실 "I let myself think once, 'What if I should come out first?' quakingly, you know, for it seemed so vain and presumptuous to think I could lead the Island.('1등을 하면 어떨까?' 하고 온몸이 떨리는 생각을 해 본 적은 한 번 있어. 내가 섬에서 1등을 한다는 생각이 헛되고 건방진 거 같았거든.)"라고 말했듯이 1등을 '감히' 생각조차 하지 않았는데 보란 듯이 1등을 거머쥔 상황이 쉽사리 믿기지 않을 뿐입니다.

초록 지붕 집에 왔을 때부터 Anne은 모든 게 꿈만 같다고 했습니다. 그런데 상상 속에서나 가능했던 일들이 이 집에서는 자꾸만 현실이 됩니다. 바라던 일들이 Anne의 눈앞에 하나씩 모습을 드러냅니다. 바라고 원하면 충분히 이룰 수 있는 진짜 '집'에서 살고 있으니까요. 합격자 명단 맨 위에 이름을 올림으로써 더 멀리 앞으로 나아가는 Anne. 또 어떤 일들이 Anne을 기다리고 있을지 무척 궁금해집니다.

*Write a favorite sentence

_____

_____

Anne은 곧장 Matthew에게 달려가 합격 소식을 전한다. 1등으로 합격했다는 말도 빠뜨리지 않는다. Matthew는 잘 해낼 줄 믿고 있었다며 자랑스러워한다. 소식을 들은 Lynde 부인도 Anne의 합격을 진심으로 축하하고 칭찬한다. 그날 밤, 목사관에서 Allan 부인과 짧게 인사를 나눈 Anne은 창가에 무릎을 꿇고 앉아 감사와 염원을 담은 기도를 한다.

한편, Anne은 호텔에서 열리는 발표회를 가려고 옷을 입는 중이다. 호텔 사람들이 샬럿타운 병원을 후원하려고 만든 행사로, 인근 지역의 재능 있는 사람들이 도와주기로 했고, 에이번리의 Anne은 시 낭송을 맡았다. Diana는 에이번리의 명예를 위해서라도 여왕에 버금가는 옷차림과 머리 장식을 해 주겠다고 다짐했고, 온 신경을 Anne에게 쏟는다. Marilla는 Anne을 위해서라면 무엇이든 사다 나르는 Matthew 덕분에 가게 점원들만 신이 났다며 볼멘소리를 하지만, 아름답게 준비를 마친 Anne을 보며 옷이 더러워질까, 얇은 옷감이라 춥지는 않을까 걱정한다.

대기실에서 자신의 차례를 기다리는 Anne은 다시 집으로 가고 싶어질 만큼 잔뜩 긴장한다. 자신도 시를 낭송하려고 왔는데, 앞서 전문 시 낭송가가 멋지게 시를 낭송하는 바람에 더욱 긴장한다. 공교롭게도 바로 다음 차례로 지목된 Anne이 무대로 나간다. 처음으로 많은 관객 앞에 서서 그들을 쳐다보고 있자니 온몸이 마비되는 듯하다. 겁에 질려 눈을 휘둥그레 뜨고 객석을 보다가 Gilbert Blythe를 발견한다. Gilbert 앞에서 비웃음을 당하는 일은 할 수 없다는 생각에 정신을 차리고, 심호흡을 한 후에 시를 낭송하기 시작한다. Anne의 깨끗하고 맑은 목소리가 객석 구석구석까지 울려 퍼진다. Anne이 낭송을 마치자 진심 어린 박수가 터져 나오고, 사람들은 앙코르를 외친다. Anne은 무대로 돌아가 기발하고 재미있는 짧은 앙코르 공연을 선보여서 관객의 마음을 더욱 사로잡았고, 남은 저녁 시간은 완전히 Anne을 위한 자리가 된다.

집으로 돌아오는 길에 Anne과 친구들은 발표회 감상을 나누며 이런저런 이야기를 나누고, 호텔에서 만난 부인들의 휘황찬란한 장식을 부러워하기도 한다. Anne은 평생 다이아몬드를 받지 못한다고 해도 Matthew가 사 준 진주 목걸이를 한 초록 지붕 집의 Anne에 만족한다고 말한다. 그 진주 목걸이에 담긴 사랑은 그 무엇과도 바꿀 수 없음을 Anne은 잘 알기 때문이다.

Day 27

퀸스의 여학생

앤은 퀸스로 떠나는 짐을 3주 동안 꾸리면서 바쁜 날들을 보내고,
마릴라는 그런 앤을 바라보면서
허전한 마음을 감추지 못하고 있습니다.

"제 낭송이 아주머니를 눈물 흘리게 했네요." 앤이 마릴라가 앉은 의자 위로 몸을 굽혀서 마릴라의 볼에 눈썹을 간질이면서 명랑하게 말했다. "그럼 저의 명백한 승리인데요."

"아니다. 네 낭송 때문에 운 게 아니야." 마릴라가 대답했다. 마릴라는 고작 시로 인해서 약해진 마음이 겉으로 나타나는 걸 거부할 사람이었다. "그냥 어릴 적 네 모습이 생각나는 걸 어쩔 수가 없어서 그랬을 뿐이란다, 앤. 네가 온갖 엉뚱한 짓을 해도 좋으니 어린 시절에 머물러 있을 수 있다면 하고 바랐어. 이렇게 커서 이곳을 떠나다니. 키도 크고, 세련됐고, 그 드레스를 입으니 아주… 아주 달라 보이는구나. 전혀 에이번리 사람 같지 않아. 그런 생각을 하니 허전한 기분이 들었어."

"아주머니!" 앤은 무명옷을 입은 마릴라의 무릎에 앉아서 주름진 마릴라의 얼굴을 양손으로 감싸 쥐었다. 그러고는 다정하고 진지하게 마릴라의 눈을 들여다보았다. "전 조금도 변한 게 없어요. 정말이에요. 저는 그저 불필요한 부분을 쳐 내고 새로 가지를 뻗었을 뿐이에요. 진짜 제 모습은, 제 안의 저는 똑같아요. 제가 어디를 가든,

A Queen's Girl

gaily 명랑하게 stoop over 허리를 굽히다 betray 감정이 겉으로 나타나다
lonesome 허전한 lined 주름진 prune (불필요한 부분을) 쳐내다
branch out 가지를 뻗다 outwardly 겉으로는 will 힘을 발휘하다

"I declare, my recitation has made you cry, Marilla," said Anne gaily stooping over Marilla's chair to drop a butterfly kiss on that lady's cheek. "Now, I call that a positive triumph."

"No, I wasn't crying over your piece," said Marilla, who would have scorned to be betrayed into such weakness by any poetry stuff. "I just couldn't help thinking of the little girl you used to be, Anne. And I was wishing you could have stayed a little girl, even with all your queer ways. You've grown up now and you're going away; and you look so tall and stylish and so-so-different altogether in that dress-as if you didn't belong in Avonlea at all-and I just got lonesome thinking it all over."

"Marilla!" Anne sat down on Marilla's gingham lap, took Marilla's lined face between her hands, and looked gravely and tenderly into Marilla's eyes. "I'm not a bit changed- not really. I'm only just pruned down and branched out. The real me-back here-is just the same. It won't make a bit of difference where

겉모습이 얼마나 많이 바뀌든 전혀 중요하지 않아요. 마음속에는 언제나 아주머니의 어린 앤으로 남아 있을 거예요. 평생 마릴라 아주머니와 매슈 아저씨와 초록 지붕 집을 매일 더 사랑할 앤이요."

앤은 자신의 싱그러운 뺨을 마릴라의 빛바랜 뺨에 댔다. 그리고 한 손을 뻗어 매슈의 어깨를 토닥였다. 마릴라도 만약 앤처럼 자신의 감정을 말로 잘 표현할 줄 아는 능력이 있었다면 그때 더 많은 마음을 보여 주었을 테다. 하지만 타고난 천성과 습관이 마음과 다르게 작용해서 그저 앤에게 팔을 두르고 가슴에 부드럽게 끌어안으면서 앤을 보내지 않아도 되면 좋겠다고 바랄 뿐이었다.

매슈는 눈가가 젖어 드는 느낌이 들자 자리에서 일어나 밖으로 나갔다. 푸른 여름밤의 별빛 아래서 매슈는 격앙된 걸음으로 마당을 가로질러 포플러나무 옆으로 난 울타리 문까지 걸어갔다.

"그래, 앤이 버릇없는 아이로 자라지 않았어." 매슈가 자랑스러운 듯 중얼거렸다. "그러고 보니 가끔 내가 끼어든 게 나쁜 영향을 주지는 않았군. 앤은 똑똑하고 예쁜데, 무엇보다 최고인 건 다정하다는 거지. 앤은 우리에게 축복이었어. 스펜서 부인이 저지른 실수보다 더욱 운 좋은 실수는 없을 거야. 그걸 운이라고 할 수 있을까. 그건 하늘의 뜻이었지. 전능하신 하느님은 우리에게 그 애가 필요하단 걸 아신 거야."

I go or how much I change outwardly; at heart I shall always be your little Anne, who will love you and Matthew and dear Green Gables more and better every day of her life."

Anne laid her fresh young cheek against Marilla's faded one, and reached out a hand to pat Matthew's shoulder. Marilla would have given much just then to have possessed Anne's power of putting her feelings into words; but nature and habit had willed it otherwise, and she could only put her arms close about her girl and hold her tenderly to her heart, wishing that she need never let her go.

Matthew, with a suspicious moisture in his eyes, got up and went out-of-doors. Under the stars of the blue summer night he walked agitatedly across the yard to the gate under the poplars.

"Well now, I guess she ain't been much spoiled," he muttered, proudly. "I guess my putting in my oar occasional never did much harm after all. She's smart and pretty, and loving, too, which is better than all the rest. She's been a blessing to us, and there never was a luckier mistake than what Mrs. Spencer made-if it WAS luck. I don't believe it was any such thing. It was Providence, because the Al mighty saw we needed her, I reckon."

💬 Anne과 Marilla 그리고 Matthew에게 '헤어짐'의 순간이 다가옵니다. 물론 이들이 영원히 만날 수 없는 건 아니지만, '초록 지붕 집에 사는' Anne은 곧 볼 수 없게 됩니다. 오늘 본문 앞에 Matthew와 Marilla를 위해서 시를 낭송하는 Anne을 보면서 Marilla의 심정을 표현한 문장이 있지요.

'As Marilla watched the bright, animated face and graceful motions her thoughts went back to the evening Anne had arrived at Green Gables, and memory recalled a vivid picture of the odd, frightened child in her preposterous yellowish-brown wincey dress, the heartbreak looking out of her tearful eyes.(마릴라는 앤의 밝고 생기 넘치는 얼굴과 우아한 몸짓을 보면서 앤이 초록 지붕 집에 온 저녁이 생각났다. 황갈색의 혼방 원피스를 입고 불쌍한 표정으로 눈물이 그렁그렁하던, 겁에 질린 별난 아이의 모습이 생생하게 떠올랐다.)'

작가는 독자도 함께 다시 한번 그 순간을 떠올리도록 이끕니다. 아무도 오지 않으면 어쩌나 싶어서 걱정하던 아이가 Matthew를 만나서 믿기지 않을 만큼 행복해하다가 Marilla의 표정을 보고 금세 눈치를 챕니다. 이 집에서 자신을 원하지 않았었다는 것을요. 그때는 다시 돌아가야 할지도 모른다는 생각에 Anne이 울었는데, 이제는 Anne을 보내는 게 아쉬워서 Marilla의 눈시울이 붉어집니다.

"I was wishing you could have stayed a little girl, even with all your queer ways.(네가 온갖 엉뚱한 짓을 해도 좋으니 어린 시절에 머물러 있을 수 있다면 하고 바랐어.)" 이 말처럼 Marilla는 어린 시절의 Anne이 사뭇 그리워집니다. 눈앞에 보이는 Anne은 분명 다 큰 Anne인데, 자꾸만 아이의 모습이 겹쳐 보이는 건 왜일까요?

상대의 마음에 공감할 줄 아는, 그리고 그 마음을 잘 표현할 줄 아는 Anne은 Marilla에게 "The real me-back here-is just the same.(진짜 제 모습은, 제 안의 저는 똑같아요.)", "At heart I shall always be your little Anne, who will love you and Matthew and dear Green Gables more and better every day of her life.(마음속에는 언제나 아주머니의 어린 앤으로 남아 있을 거예요. 평생 마릴라 아주머니와 매슈 아저씨와 초록 지붕 집을 매일 더 사랑할 앤이요.)"라고 말하며 그녀를 따뜻하게 위로합니다. 그리고 따로 수첩에 적어 두고 싶을 만큼 좋은 말을 하는데요, 바로 "I'm only just pruned down and branched out.(저는 그저 불필요한 부분을 쳐 내고 새로 가지를 뻗었을 뿐이에요.)"이란 말입니다. 작가는 한 아이가 어른으로 성장해 가는 모습을 Anne을 통해 펼쳐 보이면서, 아이가 자신의 가지를 뻗을 수 있게 되기까지 가족의 지지와 사랑이 얼마나 중요한지 보여 주고 있습니다. Anne은 '초록 지붕 집'이라는 행복의 원천이 있었기에 Diana와 진실한 우정을 나눌 수 있었고, 학교에서도 좋은 학생으로 성장할 수 있었던 게 아닐까요?

Marilla도 Anne처럼 속마음을 잘 표현할 수 있다면 좋으련만, 'She could only put her arms close about her girl and hold her tenderly to her heart, wishing that she need never let her go.(그저 앤에게 팔을 두르고 가슴에 부드럽게 끌어안으면서 앤을 보내지 않아도 되면 좋겠다고 바랄 뿐이었다.)' 이렇게 말보다는 행동으로 Anne에 대한 사랑을 표현합니다. 소설의 감동을 전달하는 측면 에서는 Marilla가 이렇게 말을 절제하는 게 훨씬 효과적으로 느껴집니다. Marilla의 Anne에 대한 마음의 크기를 상상하는 건 독자에게 맡겨졌으니 우린 훨씬 더 적극적으로 상상할 수 있기 때문이죠.

그런가 하면 늘 조용하고 절제되어 있던 Matthew는, 독백이긴 하지만, 거의 처음이다시피 자신의 마음을 길게 표현해서 여운을 남깁니다. 그리고 "She's been a blessing to us.(앤은 우리에게 축복이었어.)"라고 말합니다. Marilla가 Anne을 데리고 있기를 거부할 때, "We might be some good to her.(우리가 저 아이에게 도움을 줄 수는 있지.)"라고 말하며 우리가 좋은 것을 주고 도움을 줄 수 있다고 생각했지만, 돌아보니 자신들이 아니라 Anne이 준 게 더 많다는 걸 느끼는 장면이지요. '상대가 나에게 무슨 도움이 될까?' 를 따지지 않고 '내가 상대에게 무엇을 해 줄 수 있을까?' 하고 생각 하는 것은 진정한 사랑의 시작이지요. 거기에 더해 상대의 존재 자체가 축복이었다는 고백은 독자의 마음을 사정없이 울렁이게 합니다.

충분히 사랑받은 Anne은 그 사랑을 품고 더 큰 세상으로 날아 갑니다. 언제든 돌아올 초록 지붕 집이 있기에, 그리고 그 집에서 Matthew와 Marilla가 늘 자신을 기다리고 있다는 것을 알기에 Anne은 더 높이 날 수 있겠지요?

*Write a favorite sentence

_____

_____

마침내 Anne이 도시로 떠나는 날이 온다. 화창한 9월의 아침, Anne은 Matthew와 마차를 타고 떠나기 전 Diana와 눈물의 작별을 한다. Marilla는 애써 무미건조한 인사를 나눴지만, Anne을 보내고 난 뒤 하지 않아도 되는 일들에 종일 매달리며 쓰린 가슴을 달랜다.

한편, Anne과 에이번리의 다른 학생들은 빠듯하게 도착한다. 첫날은 새로운 친구들과 만나고 교수들과 얼굴을 익히며 바쁘고 즐겁게 지나간다. Anne은 Stacy 선생님의 조언대로 1학년이 아니라 2학년 과정으로 들어갈 계획이어서 열심히 노력한다면 Gilbert와 함께 1년 만에 1급 교사 자격증을 딸 수 있었다. Gilbert와는 같은 반이 되었는데, Anne은 경쟁자가 없는 것보다 훨씬 도움이 된다고 여긴다.

다른 친구들은 시내에 친척이 있어서 Anne처럼 하숙을 하지 않아도 되는 상황이다. Barry 할머니가 하숙집을 잘 알아봐 주셔서 학교와 가까운 좋은 동네에서 지내고 있지만, 집이 그리워지는 건 Anne도 어쩔 수가 없다. 그렇게 향수병으로 힘들어하던 중에 퀸스 학교도 Avery 장학금을 받을 수 있게 되었다는 소식을 듣는다. Avery 장학금은 졸업생 중에서 영어와 영문학 성적이 제일 높은 학생에게 Redmond 대학교 4년 학비를 수여하는 것이다. Anne은 이 장학금으로 문학 학사 학위를 받아서 또 한

번 Matthew 아저씨에게 자랑스러운 Anne이 되겠다고 결심한다.

주말마다 집에 다녀오면서 Anne의 향수병이 차츰 나아지고, 금요일 저녁이 Anne에게는 일주일 중 가장 행복하고 소중한 시간이 된다. 그러면서 Anne은 학교에서 점차 자기처럼 사색을 즐기고 상상력이 풍부하고 야망이 큰 학생들과 무리를 이루며 적응해 나가고, Gilbert와 기분 좋은 경쟁을 하며 꾸준하게 열심히 공부한다.

졸업이 성큼 다가오고, Anne은 최종 시험을 치른다. 서로를 좋은 경쟁자 삼아 성실히 공부한 Gilbert와 Anne은 '메달 수상자'와 'Avery 장학생'이라는 명예로운 타이틀과 함께 졸업하게 된다. Gilbert는 바로 교사가 될 거라는 소식이 전해지고, Anne은 장학금을 받게 된 만큼 당장 선생님이 되지 않고 Redmond 대학에 진학해서 학업을 이어 갈 생각이다.

한편, Marilla는 몇 번의 심장 발작이 있었던 Matthew의 건강을 걱정하고, 그런 Matthew 아저씨의 일손을 덜어 드릴 수 없는 게 Anne은 못내 안타깝다. 하지만 Matthew는 남자아이들을 여럿 준다고 해도 Anne과 바꾸지 않을 거라는 말을 하며, Anne을 너무나 자랑스러워하는 마음을 내비친다.

Day 28

죽음이라는 이름의 신

마릴라와 앤이 손을 쓸 새도 없이 쓰러진 매슈.
매슈는 이대로 작별 인사도 하지 못한 채
마릴라와 앤의 곁을 떠나게 될까요?

"오라버니, 오라버니, 왜 그래요? 오라버니, 몸이 안 좋은가요?"

요동치는 목소리로 다급하게 묻는 사람은 마릴라였다. 앤이 하얀 수선화를 손에 한가득 들고 복도를 걸어 들어왔다.-그 뒤로 오랫동안 앤은 하얀 수선화를 보는 것도, 향기도 좋아할 수 없었다.- 마릴라의 목소리를 들었을 때, 앤은 매슈가 손에 접은 신문을 들고 현관 문턱에 서 있는 걸 봤다. 매슈의 얼굴은 이상하리만치 핼쑥했고, 잿빛이었다. 앤은 꽃을 떨어뜨리고 부엌을 가로질러 마릴라와 동시에 매슈에게 뛰어갔다. 두 사람 모두 늦었다. 두 사람이 매슈에게 닿기도 전에 매슈는 문간 위에 쓰러졌다.

"기절했어." 마릴라가 숨을 몰아쉬며 말했다. "앤, 마틴을 불러와, 어서, 빨리! 지금 헛간에 있어."

우체국에서 갔다가 막 집에 도착한 일꾼 마틴은 곧장 의사를 부르러 출발했고, 가는 길에 과수원집에 들러서 배리 부부를 초록 지붕 집으로 보냈다. 배리 씨네에 볼 일이 있어서 갔던 린드 부인도

282

The Reaper Whose Name Is Death

jerky 요동치는 drawn 핼쑥한 threshold 문간 start for ~로 출발하다
call at ~에 들르다 send over 파견하다 restore 회복시키다 pallid 창백한
instantaneous 즉각적인 in all liklihood 십중팔구

"Matthew-Matthew-what is the matter? Matthew, are you sick?"

It was Marilla who spoke, alarm in every jerky word. Anne came through the hall, her hands full of white narcissus,-it was long before Anne could love the sight or odor of white narcissus again,-in time to hear her and to see Matthew standing in the porch doorway, a folded paper in his hand, and his face strangely drawn and gray. Anne dropped her flowers and sprang across the kitchen to him at the same moment as Marilla. They were both too late; before they could reach him Matthew had fallen across the threshold.

"He's fainted," gasped Marilla. "Anne, run for Martin-quick, quick! He's at the barn."

Martin, the hired man, who had just driven home from the post office, started at once for the doctor, calling at Orchard Slope on his way to send Mr. and Mrs. Barry over. Mrs.

함께 건너왔다. 와서 보니 앤과 마릴라가 안절부절못하며 매슈의 정신이 들게 하려고 애를 쓰고 있었다.

린드 부인이 조심스럽게 두 사람을 옆으로 비켜서게 하고는 매슈의 맥박을 짚고, 가슴팍에 귀를 댔다. 린드 부인은 걱정스러워하는 두 사람의 얼굴을 슬프게 쳐다보더니 눈에 눈물이 고였다.

"아, 마릴라." 린드 부인이 무거운 목소리로 말했다. "우리가 할 수 있는 일은… 없는 거 같아요."

"레이첼 아주머니, 아니죠? 설마… 매슈 아저씨가, 설마…" 앤은 차마 그 끔찍한 단어를 내뱉지 못했다. 앤은 머리가 어질했고, 얼굴은 하얗게 질렸다.

"얘야, 너무 안타깝지만 그런 것 같구나. 매슈의 얼굴을 보렴. 저런 얼굴을 나처럼 자주 보다 보면 그게 어떤 얼굴인지 알아볼 수 있단다."

앤은 매슈의 고요한 얼굴을 바라봤다. 그 얼굴에서 위대한 존재의 흔적을 보았다.

의사가 와서는 매슈의 죽음이 순식간에 오는 바람에 아마도 고통 없이 눈을 감았을 거라며, 십중팔구 갑작스럽게 충격을 받은 듯하다고 했다. 충격의 비밀은 매슈가 손에 들고 있던 신문에 있었다. 그 신문은 그날 아침 마틴이 우체국에서 가져왔는데, 애비 은행 부도에 관한 기사가 실려 있었다.

Lynde, who was there on an errand, came too. They found Anne and Marilla distractedly trying to restore Matthew to consciousness.

Mrs. Lynde pushed them gently aside, tried his pulse, and then laid her ear over his heart. She looked at their anxious faces sorrowfully and the tears came into her eyes.

"Oh, Marilla," she said gravely. "I don't think-we can do anything for him."

"Mrs. Lynde, you don't think-you can't think Matthew is-is-" Anne could not say the dreadful word; she turned sick and pallid.

"Child, yes, I'm afraid of it. Look at his face. When you've seen that look as often as I have you'll know what it means."

Anne looked at the still face and there beheld the seal of the Great Presence.

When the doctor came he said that death had been instantaneous and probably painless, caused in all likelihood by some sudden shock. The secret of the shock was discovered to be in the paper Matthew had held and which Martin had brought from the office that morning. It contained an account of the failure of the Abbey Bank.

💬 퀸스에서도 좋은 성적을 내면서 마무리한 Anne이 Avery 장학금도 받게 되면서 또 한 번 Matthew와 Marilla의 가슴을 자랑스러움으로 부풀게 했었습니다. 자신이 남자였다면 Matthew의 일손을 덜어 줄 수 있었을 거라며 아쉬워하는 Anne의 말에 Matthew는 "I'd rather have you than a dozen boys, Anne.(난 너를 남자아이 열두 명과도 바꾸지 않을 거란다, 앤.)"이라고 대답했었지요. 이렇게 멀쩡하던 Matthew가 너무나도 갑작스럽게 Marilla와 Anne의 곁을 떠납니다.

Anne에게 닥칠 크나큰 슬픔을 작가는 살짝 예고하고 있었습니다. 바로 앞 장이 'It was the last night before sorrow touched her life; and no life is ever quite the same again when once that cold, sanctifying touch has been laid upon it.(그 밤이 앤의 인생에 슬픔이 찾아오기 전 마지막 밤이었다. 그 차갑고 신성한 손길이 닿으면 어떤 삶도 전과 같을 수 없으니까.)'이라는 문장으로 끝나고 있기 때문이죠. '차갑고 신성한 손길'은 인간의 힘이 닿을 수 없는 '죽음'을 의미합니다.

이는 이 장의 제목에서도 유추할 수 있습니다. 'The Reaper Whose Name Is Death(죽음이라는 이름의 신)'라는 제목의 의미는 Henry Wadsworth Longfellow(헨리 워즈워스 롱펠로)가 1839년 발표한 시 〈The Reaper and Flowers〉의 1연에서 찾을 수 있습니다.

There is a Reaper whose name is Death,

And with his sickle keen,

He reaps the bearded grain at a breath,

And the flowers that grown between.

(죽음이라는 이름의 신이 있지.

그의 날카로운 낫으로

그는 풍성한 곡식을 단숨에 베어 버리네.

빈자리엔 꽃들이 자라네.)

시의 내용에 비추어 볼 때 Matthew는 거둬들일 때가 된, 한마디로 '잘 익은 벼'였다고 생각할 수 있습니다. Anne에게 보여 준 Matthew의 모습을 파노라마처럼 펼쳐 본다면, Matthew는 진정한 어른이었습니다.

Matthew가 갑작스러운 죽음을 맞이한 이유가 있습니다. 'The secret of the shock was discovered to be in the paper Matthew had held and which Martin had brought from the office that morning. It contained an account of the failure of the Abbey Bank.(충격의 비밀은 매슈가 손에 들고 있던 신문에 있었다. 그 신문은 그날 아침 마틴이 우체국에서 가져왔는데, 애비 은행 부도에 관한 기사가 실려 있었다.)'란 문장에 그 단서가 있지요. 애비 은행에 대해서는 앞 장에 Marilla가 "All we have saved is in that bank-every penny. I wanted Matthew to put it in the Savings Bank in the first place, but old Mr. Abbey was a great friend of father's and he'd always banked with him.(우리 돈이 전부 그 은행에 있어. 한 푼도 남김없이 말이야. 난 처음부터 오라버니가 저축은행에 돈을 넣어 뒀으면 했는데, 애비 씨가 아버지와 절친한 사이여서 오라버니는 늘 애비 은행만 이용했거든.)"이라는 정보를 주었습니다. 모든 돈이 애비 은행에 들어 있는데 Anne은 "I heard it was shaky.(그 은행이 위태위태 하다는 말을 들었어요.)" 이처럼 안정적이지 않다는 얘기를 들은 상황 이지요. 돈을 다른 곳으로 옮기려 했지만 문제없다는 지인의 말만 믿었다가 신문에서 충격적인 소식을 접하고 만 것입니다.

Matthew의 건강에 대한 정보도 작가는 미리 깔아 뒀습니다. Anne과의 대화 중에 Marilla는 "He's had some real bad spells with his heart this spring and he won't spare himself a mite. I've been real worried about him.(올봄에 심각한 심장 발작이 몇 번 있었는데 오라버니는 자기 건강은 조금도 돌보지 않는구나. 요즘 정말 걱정하고 있었지.)"이라는 말을 하며 Matthew의 건강에 대해 걱정을 내비쳤죠. 결국, Matthew의 약한 심장은 애비 은행의 부도라는 비보를 견디지 못하고 맙니다.

Anne은 복도를 걸어올 때 손에 white narcissus(하얀 수선화)를 한가득 들고 있었죠. 그러다가 Matthew 아저씨가 심상치 않음을 알아채고 바로 달려가는데요, 'Anne dropped her flowers.(앤은 꽃을 떨어뜨렸다.)' 이처럼 들고 있던 꽃을 떨어뜨립니다. Anne이 떨어뜨린 건 단순한 꽃이 아니라, 꽃이 지닌 뜻인 narcissism(자기 도취, 자기애)을 치워 버린다는 상징적인 울림을 지니고 있다고도 할 수 있습니다. 'it was long before Anne could love the sight or odor of white narcissus again(그 뒤로 오랫동안 앤은 하얀 수선화를 보는 것도, 향기도 좋아할 수 없었다)'이라는 말이 뒷받침해 주고 있지요. Anne은 Matthew 아저씨가 죽던 순간에 들고 있던 꽃이었기 때문이 아니라, narcissus라는 꽃이 지닌 의미 때문에 그 꽃을 마주하기 힘들었던 것입니다. Anne이 초록 지붕 집에 온 이후로 Matthew는 자기 자신보다 Anne을 먼저 생각해 준, 'narcissism'과는 거리가 아주 먼 사람이었지요. 그렇게 Anne은 손에 한가득 들고 있던 narcissus를 떨어뜨리고, Matthew 아저씨까지 떠나보내고 나서 더욱 다른 이들을 사랑하는 법을 배웁니다.

이렇게 Anne의 마음속에 사랑을 남기고 떠난 Matthew 아저씨를 생각하면 앞에 인용한 시의 마지막 구절 'And the flowers that grown between.(빈자리엔 꽃들이 자라네.)'이 더욱 애틋하게 다가옵니다.

*'Write a favorite sentence'

Matthew의 소식은 빠르게 에이번리 전체에 퍼진다. 온종일 친구와 이웃들이 초록 지붕 집에 모여들었고, 고인과 유족에게 마음을 전하려는 발걸음이 분주히 오갔다. 밤이 되고, 집에는 고요한 적막만이 흐른다. Anne은 생전에 Matthew가 사랑했던 꽃들을 꺾어다가 그의 위에 놓아 준다. 그날 밤, Barry 부부와 Lynde 부인은 함께 초록 지붕 집에 있어 준다. Diana 역시 Anne에게 함께 있어 주길 원하는지 묻는다. Anne은 조용히 이 상황을 받아들이길 바란다는 뜻을 전하고, Diana는 그런 친구의 심정이 다 이해되지는 않았지만 슬픔을 혼자 정리할 수 있도록 자리를 비켜 준다.

Anne은 혼자 있으면 눈물이 나오리라 생각했지만, 고통에 짓눌리며 지내다가 지쳐 쓰러져 잠들 때까지도 그저 묵직한 통증만 계속될 뿐 눈물 한 방울 나오지 않는다. 그러다가 한밤중에 잠이 깬 Anne의 귓가에 "It was a girl-my girl-my girl that I'm proud of.(우리 딸, 자랑스러운 내 딸.)"라고 말하던 Matthew의 음성이 울린다. 갑자기 눈물이 쏟아지고, Anne은 가슴이 터지도록 운다. 그 소리를 듣고 Anne에게 건너온 Marilla가 그래도 우리에겐 서로가 있다며 위로한다. 또한, 마음속 말을 하는 게 어렵지만 Marilla는 자신이 Anne을 친자식처럼 사랑하고 있고, Anne은 자신에게 기쁨이자 위안이라고 말한다. 이틀 뒤, Matthew는 농장 문을 지나 자신이 일구던 밭과 사랑하던 과수원과 직접 심은 나무들을 영원히 떠난다. 에이번리는 본래의 평온을 되찾았고 초록 지붕 집에도 오랜 일상이 제자리를 찾아가지만, '친숙한 무언가'를 잃은 아픈 상실감은 사라지지 않는다.

어느 날 저녁, Anne이 Diana를 바래다주고 집에 돌아오니 Marilla가 힘없이 축 처져 있다. 놀라는 Anne에게 Marilla는 안과 검진을 다녀온 이야기를 한다. 안경을 쓰고 눈에 무리가 가는 독서나 바느질을 조심하면 괜찮지만, 그렇지 않으면 6개월 안에 실명할 수 있다고 했다는 의사의 말을 전하며 걱정한다.

며칠 후 Anne은 Marilla가 초록 지붕 집을 팔려고 한다는 사실을 알게 된다. 원치 않지만, Anne이 대학으로 떠나고 혼자서 생활하려면 그런 결정을 내릴 수밖에 없다고 말하는 Marilla에게 Anne은 무슨 일이 있어도 초록 지붕 집을 팔지 말라고 한다. 눈도 보이지 않는데 이 집에서 혼자 지내기 힘들 거라는 Marilla에게 Anne은 Redmond 대학에 가지 않고 Marilla의 곁에 남기로 했다는 놀라운 말을 한다.

길모퉁이 1

앤은 초록 지붕 집을 팔 생각인 마릴라에게
자신은 장학금을 받지 않고 마릴라와 함께 있기로 했다고 말합니다.
어찌 된 일일까요?

마릴라는 마치 꿈속에 있는 사람처럼 앤의 말에 귀를 기울였다.

"아, 앤, 네가 여기에 같이 있다면 정말 잘 지낼 수 있겠지. 하지만 나는 네가 나를 위해서 그렇게 희생하게 할 수 없구나. 생각도 하기 싫다."

"말도 안 돼요!" 앤이 경쾌하게 웃었다. "희생이라니요. 초록 지붕 집을 포기하는 것보다 더 큰 희생은 없어요. 저한테 그보다 더 마음 아픈 일은 없어요. 우린 이 정든 곳을 지켜 내야 해요. 전 마음을 굳혔어요, 아주머니. 저는 레드먼드에 안 갈 거예요. 여기 남아서 선생님이 될 거예요. 제 걱정은 조금도 하지 마세요."

"그렇지만 네 꿈, 또…"

"여전히 제 꿈은 커요. 단지 꿈의 대상을 바꿨을 뿐이에요. 전 좋은 선생님이 될 거예요. 아주머니의 시력도 지킬 거고요. 그리고 집에서 공부하면서 대학 과정도 혼자서 조금씩 익힐 거고요. 아, 정말 계획이 많아요, 아주머니. 일주일 내내 이 생각만 했어요. 이곳에서 최선을 다해 지낼 거고, 그러다 보면 최고의 보답이

The Bend in the Road #1

object 관심 대상 all by oneself 혼자서, 스스로 in return 보답으로
milestone 이정표 fascination 매력 checkered 파란만장한 landscape 풍경
obstinate 고집 센 mule 노새 pity 불쌍히 여기다

Marilla had listened like a woman in a dream.

"Oh, Anne, I could get on real well if you were here, I know. But I can't let you sacrifice yourself so for me. It would be terrible."

"Nonsense!" Anne laughed merrily. "There is no sacrifice. Nothing could be worse than giving up Green Gables-nothing could hurt me more. We must keep the dear old place. My mind is quite made up, Marilla. I'm not going to Redmond; and I AM going to stay here and teach. Don't you worry about me a bit."

"But your ambitions-and-"

"I'm just as ambitious as ever. Only, I've changed the object of my ambitions. I'm going to be a good teacher- and I'm going to save your eyesight. Besides, I mean to study at home here and take a little college course all by myself. Oh, I've dozens of plans, Marilla. I've been thinking them

돌아오리라 믿어요. 제가 퀸스를 졸업할 땐 제 앞에 제 미래가 곧은 길처럼 쭉 뻗어 있는 듯했어요. 그 길을 쭉 가면 수많은 이정표를 만날 수 있다고 생각했죠. 그런데 그 길에 모퉁이가 있네요. 그 모퉁이를 돌면 무엇이 있을지 모르지만, 전 가장 좋은 게 있다고 믿을래요. 길모퉁이도 그 자체로 매력적이에요. 모퉁이를 돌면 길이 어디로 향하는지 궁금하거든요. 어떤 초록빛 영광, 은은하고 파란만장한 빛과 그림자가 있을지, 어떤 새로운 풍경이 펼쳐질지, 어떤 새로운 아름다움이 있을지, 어떤 굽잇길과 언덕과 계곡들이 나타날지 말이에요."

"그래도 네가 그걸 포기하게 두면 안 될 것 같은 기분이 드는 구나." 마릴라는 장학금을 떠올리며 말했다.

"저를 결코 말리실 수 없어요. 전 이제 열여섯 살 하고도 반이 지났고, 언젠가 레이첼 아주머니가 말씀하신 것처럼 '노새처럼 고집 센' 아이니까요." 앤이 웃었다. "아, 아주머니, 제가 안 됐다는 생각은 하지 마세요. 전 불쌍하게 여겨지는 거 싫어요. 그럴 이유도 없어요. 저는 이 정든 초록 지붕 집에서 지낼 수 있다고 생각하니까 정말 기쁜걸요. 이 집을 아주머니와 저처럼 아낄 수 있는 사람은 아무도 없을 거예요. 그러니까 꼭 이 집을 지켜야 해요."

out for a week. I shall give life here my best, and I believe it will give its best to me in return. When I left Queen's, my future seemed to stretch out before me like a straight road. I thought I could see along it for many a milestone. Now there is a bend in it. I don't know what lies around the bend, but I'm going to believe that the best does. It has a fascination of its own, that bend, Marilla. I wonder how the road beyond it goes-what there is of green glory and soft, checkered light and shadows-what new landscapes-what new beauties-what curves and hills and valleys further on."

"I don't feel as if I ought to let you give it up," said Marilla, referring to the scholarship.

"But you can't prevent me. I'm sixteen and a half, 'obstinate as a mule,' as Mrs. Lynde once told me," laughed Anne. "Oh, Marilla, don't you go pitying me. I don't like to be pitied, and there is no need for it. I'm heart glad over the very thought of staying at dear Green Gables. Nobody could love it as you and I do-so we must keep it."

💬 Anne은 에이번리 학교에서 두각을 나타내고, 퀸스 입시 준비 반을 거쳐서 1등으로, 그것도 2학년 과정에 합격해서 1년 만에 교사 자격증을 따게 되었습니다. 거기에 Avery 장학금까지 받게 되어 선생님을 하면서 학비를 벌어서 대학에 갈 필요가 없어졌지요. 형편이 되지 않아 바로 가르치는 일을 시작해야 하는 Gilbert와는 달리 '문학 학사'의 꿈을 바로 이룰 수 있게 된 것이죠. 이 모든 건 Matthew와 Marilla의 헌신, 그리고 Anne의 피나는 노력 덕분이었지요. 하지만 애비 은행의 부도와 Matthew 아저씨의 갑작스런 죽음은 상황을 바꿔 놓았습니다.

Marilla는 "Every cent of our money went in that bank; and there's some notes Matthew gave last fall to pay.(우리 돈은 몽땅 그 애비 은행에 있었고, 지난가을에 오라버니가 어음을 조금 쓴 게 있단다.)"라고 하면서 초록 지붕 집을 파는 것 외에는 다른 선택지가 없음을 Anne에게 설명합니다. Matthew가 썼다고 하는 'note'는 'a note of hand(약속 어음)'를 말합니다. 이건 'unsecured loan(무담보 대출)'을 의미하는데요, 빌릴 때 'mortgage(담보)'나 'lien(선취 특권)'이 없어서 Marilla는 초록 지붕 집을 팔아야만 하는 상황입니다. 가을이라고 했으니 Anne을 퀸스에 보내기 위해서 쓴 돈이었음을 유추할 수 있습니다.

수심이 가득한 Marilla에게 Anne은 "I'm not going to take the scholarship.(장학금을 받지 않을 거예요.)"이라는 뜻밖의 말을 합니다. 문학 학사 학위를 받는 빛나는 미래를 꿈꾸던 Anne은

"You surely don't think I could leave you alone in your trouble, Marilla, after all you've done for me.(제가 어려운 상황에 있는 아주머니를 혼자 두고 떠날 수 있을 거라고 정말로 생각하신 건 아니시죠? 아주머니가 저에게 어떻게 해 주셨는데요.)" 이렇게 말을 하며 Marilla 옆에 든든하게 있겠다고 합니다. 아무 조건 없이 베풀었던 Matthew와 Marilla의 사랑이 더 큰 사랑으로 되돌아오네요.

Anne이 장학금을 포기한다는 건 Gilbert와 마찬가지로 선생님이 되어서 아이들을 가르치면서 돈을 벌겠다는 말입니다. 그리고 Anne이 누군가요? "I mean to study at home here and take a little college course all by myself.(집에서 공부하면서 대학 과정도 혼자서 조금씩 익힐 거예요.)" 이렇게 계속 공부를 이어 갈 야무진 계획도 생각해 놓았습니다. 그리고 Anne의 '명대사'가 등장하지요.

"When I left Queen's, my future seemed to stretch out before me like a straight road. I thought I could see along it for many a milestone. Now there is a bend in it. I don't know what lies around the bend, but I'm going to believe that the best does."

(제가 퀸스를 졸업할 땐 제 앞에 제 미래가 곧은 길처럼 쭉 뻗어 있는 듯했어요. 그 길을 쭉 가면 수많은 이정표를 만날 수 있다고 생각했죠. 그런데 그 길에 모퉁이가 있네요. 그 모퉁이를 돌면 무엇이 있을지 모르지만, 전 가장 좋은 게 있다고 믿을래요.)

내 앞엔 탄탄대로가 펼쳐져 있다고 믿었는데 갑자기 앞을 볼 수 없는 모퉁이가 나타난다면 기분이 어떨까요? 모퉁이는 돌면 무엇이 있는지, 어디로 어떻게 길이 뻗었는지 알 수 없기에 분명 두려운 존재입니다. 하지만 Anne은 모퉁이를 피할 수 없다면, 그 뒤에 좋은 것이 있다고 생각하자고 말하고 있습니다. 두렵지만 새롭게 펼쳐질 인생을 기대하자고 말이죠. Matthew와 Marilla에게 Anne이라는 아이가 어느 날 갑자기 등장한 건 분명 'a bend(모퉁이)'였습니다. 조용하던 삶에 Anne이 나타나면서 알 수 없는 인생이 시작되었죠. 그 모퉁이를 피하지 않고 받아들이고 새로운 삶을 살아낸 Matthew와 Marilla 덕분에 지금의 자신이 있음을 아는 Anne은, 이젠 자신의 차례라고 하며 자기 앞에 나타난 모퉁이 뒤에 좋은 게 있음을 믿고 나아가겠다고 합니다.

계획대로 되지 않는 게 인생이라고들 합니다. 마음먹은 대로 인생이 흘러가지 않아서 두려워지면 "I don't know what lies around the bend, but I'm going to believe that the best does.(모퉁이를 돌면 무엇이 있을지 모르지만, 전 가장 좋은 게 있다고 믿을래요.)"라는 Anne의 말을 떠올리며 용감하게 마주하기를 바라 봅니다.

*Write a favorite sentence

_____

_____

Anne의 진심을 읽은 Marilla는 더는 Anne의 새로운 계획을 말리지는 못하지만 크게 위안을 받고, 그 마음에 감동한다.

Anne이 대학을 포기하고 집에 남아서 교사가 되기로 했다는 소문이 에이번리에 퍼지자 온갖 말들이 나온다. 선량한 마을 사람들 대다수는 Marilla의 눈에 대해 잘 알지 못했기 때문에 Marilla가 어리석다고 탓한다. 하지만 Allan 부인만큼은 Anne의 결정을 지지했고, Anne은 기쁨의 눈물을 흘린다.

마음씨 좋은 Lynde 부인도 달랐다. Marilla와 Anne을 찾아온 Lynde 부인은 대학을 포기하기로 했다는 소식을 들었다고 하며 잘한 결정이라고 한다. Anne이 자신은 카모디에 있는 학교로 다닐 거라고 말하자, Lynde 부인은 에이번리 학교 이사회에서 Anne을 채용하기로 했다는 말을 들었는데 카모디로 가겠다고 하니 의아하다는 반응이다.

에이번리 학교는 Gilbert가 가기로 했다는 Anne에게 Lynde 부인은, 실은 Anne이 이곳에 지원했다는 소식을 듣자마자 Gilbert가 어제저녁에 열린 이사회에 찾아가서 자신이 지원을 취소할 테니 Anne에게 자리를 주라고 한 이야기를 들려준다. Lynde 부인은 Anne이 얼마나 Marilla의 곁에 있고 싶어 하는지 잘 아는 Gilbert가 Anne을 위해 큰 희생을 했다고 하며 칭찬한다. Anne은 Gilbert에게 그렇게 할 수는 없다고 하지만, 이미

Gilbert는 White Sands 학교와 계약서 작성이 끝난 상태여서 Anne이 Gilbert를 위해서 달리 할 수 있는 일이 없다고 Lynde 부인은 말한다.

다음 날 저녁, 에이번리의 공동묘지를 찾아간 Anne은 Matthew의 무덤에 새 꽃을 놓고, 땅거미가 질 때까지 그곳을 서성인다. 묘지에서 나와 긴 비탈길을 내려갈 즈음, 해가 넘어가면서 에이번리 마을 전체에 저녁놀이 내려앉는다. 마을 풍경의 아름다움에 Anne은 새삼 마음이 벅차오른다. 언덕 중간쯤 내려왔을 때 키 큰 청년이 휘파람을 불며 Blythe 씨네 집 문을 열고 나온다. 그 청년은 다름 아닌 Gilbert였다.

Day 30

길모퉁이 2

매슈의 무덤을 방문하고 돌아오는 길에
앤은 길버트와 마주칩니다.
이 둘은 이번에도 아무 말 없이 지나치고 말까요?

언덕을 반쯤 내려왔을 때, 키 큰 사내가 휘파람을 불며 블라이드 씨네 집 문을 나서고 있었다. 바로 길버트였다. 길버트는 앤을 알아보자 휘파람을 멈췄다. 길버트는 정중하게 모자를 벗었다. 하지만 앤이 멈춰서 길버트에게 손을 내밀지 않았다면 그냥 조용히 지나치고 말았을 터였다.

"길버트" 앤이 얼굴을 붉히며 말했다. "나를 위해서 학교를 양보해 줘서 고맙다고 말하고 싶어. 정말 고마워. 내가 진심으로 고마워하고 있다는 걸 알아줬으면 해."

길버트가 앤이 내민 손을 덥석 잡았다.

"그렇게 대단한 일 아니야, 앤. 너한테 작은 도움이라도 줄 수 있어서 너무 기뻤어. 이제 우리 친구가 되는 거야? 너 정말 내 오래전 실수를 용서하는 거야?"

앤은 웃으면서 손을 빼려고 했지만 그렇게 하지 못했다.

"난 그날 연못 나루터에서 이미 용서했어. 그땐 나도 몰랐어. 정말 난 어리석은 고집쟁이였어. 사실… 솔직히 말하는 게 좋겠다. 그날

The Bend in the Road #2

die 멎다 courteously 정중하게 withdraw 빼내다
jubilantly 기쁨에 넘쳐서 thwart (계획을) 틀다 keep up 계속하다
dry smile 천연덕스러운 미소 catch up 따라잡다, 만회하다

Halfway down the hill a tall lad came whistling out of a gate before the Blythe homestead. It was Gilbert, and the whistle died on his lips as he recognized Anne. He lifted his cap courteously, but he would have passed on in silence, if Anne had not stopped and held out her hand.

"Gilbert," she said, with scarlet cheeks, "I want to thank you for giving up the school for me. It was very good of you-and I want you to know that I appreciate it."

Gilbert took the offered hand eagerly.

"It wasn't particularly good of me at all, Anne. I was pleased to be able to do you some small service. Are we going to be friends after this? Have you really forgiven me my old fault?"

Anne laughed and tried unsuccessfully to withdraw her hand.

"I forgave you that day by the pond landing, although

이후로 계속 후회했어."

"우린 최고의 친구가 될 거야." 길버트가 기쁨에 넘쳐서 말했다. "우리는 좋은 친구가 될 운명이었어, 앤. 네가 오랫동안 그 운명을 틀어 버린 거지. 우린 서로에게 여러 가지로 도움이 될 거야. 앞으로 공부도 계속할 거지? 나도 그래. 가자, 집까지 같이 걸어가 줄게."

앤이 부엌에 들어서자 마릴라가 궁금한 눈으로 쳐다봤다.

"같이 길을 걸어온 사람이 누구니, 앤?"

"길버트 블라이드예요." 얼굴이 빨개진 앤이 당황하며 대답했다. "배리 아저씨네 언덕에서 만났어요."

"너랑 길버트가 문 앞에 서서 30분이나 얘기를 나눌 만큼 친한 사이인 줄 몰랐구나." 마릴라가 천연덕스럽게 미소 지으며 말했다.

"그러게요… 길버트랑 저는 그냥 선의의 경쟁자였어요. 하지만 앞으로는 좋은 친구로 지내는 게 훨씬 분별 있는 행동이라고 생각했어요. 저희가 정말 30분이나 서 있었어요? 몇 분밖에 안 된 거 같았어요. 사실, 5년 동안 못한 이야기가 너무 많아요, 아주머니."

I didn't know it. What a stubborn little goose I was. I've been-I may as well make a complete confession I've been sorry ever since."

"We are going to be the best of friends," said Gilbert, jubilantly. "We were born to be good friends, Anne. You've thwarted destiny enough. I know we can help each other in many ways. You are going to keep up your studies, aren't you? So am I. Come, I'm going to walk home with you."

Marilla looked curiously at Anne when the latter entered the kitchen.

"Who was that came up the lane with you, Anne?"

"Gilbert Blythe," answered Anne, vexed to find herself blushing. "I met him on Barry's hill."

"I didn't think you and Gilbert Blythe were such good friends that you'd stand for half an hour at the gate talking to him," said Marilla with a dry smile.

"We haven't been-we've been good enemies. But we have decided that it will be much more sensible to be good friends in the future. Were we really there half an hour? It seemed just a few minutes. But, you see, we have five years' lost conversations to catch up with, Marilla."

💬 Gilbert와 Anne이 극적인 화해를 하며 이야기가 끝납니다. 후속편이 나오기 전에는 아마도 Gilbert와 Anne이 잘 지내는 모습을 더 보고 싶다는 독자들의 편지가 빗발치지 않았을까요?

친구들과 연못에서 Elain 연극을 하던 Anne이 '살기 위해' 할 수 없이 Gilbert의 도움을 받은 그날, 친구로 지내자는 Gilbert의 손길을 뿌리친 후에 Anne은 알 수 없는 후회의 감정이 올라오는 것을 느꼈지요. 그렇게 둘은 눈앞에 보여도 보이지 않는 존재로 지냈지만, Gilbert와 Anne은 에이번리 학교에서 퀸스를 가고, 졸업하기까지의 여정에 늘 함께였습니다. Gilbert는 조금 더 낭만적으로 "We were born to be good friends, Anne. You've thwarted destiny enough.(우리는 좋은 친구가 될 운명이었어, 앤. 네가 오랫동안 그 운명을 틀어 버린 거지.)" 이렇게 표현합니다.

Anne이 Gilbert에게 화해의 손을 내민 데는 Gilbert가 에이번리 학교의 자리를 양보해 준 데 대한 고마움도 있었겠지만, Marilla의 옛 추억도 한몫한 듯합니다. Marilla가 Anne에게 "We had a quarrel. I wouldn't forgive him when he asked me to. I meant to, after awhile-but I was sulky and angry and I wanted to punish him first. He never came back-the Blythes were all mighty independent. But I always felt-rather sorry. I've always kind of wished I'd forgiven him when I had the chance.(우린 싸웠어. 존이 사과를 했지만 내가 받아 주지 않았지. 좀 지나서는 받아 줄 생각이 있었지만, 그땐 내가 부루퉁하고 화가 나 있어서 먼저 혼을 좀 내

주고 싶었지. 존은 다시 돌아오지 않았어. 블라이드가 사람들은 자존심이 세거든. 내내 후회했단다. 기회가 있었을 때 용서했더라면 좋았을걸 하고 늘 생각했지.)"라며 자신과 John Blythe의 이야기를 들려줍니다. 그의 아들인 Gilbert Blythe와 놀라우리만치 비슷한 상황에 있는 Anne이 자신을 돌아보는 계기가 되었음이 분명합니다.

　기회는 다시 찾아왔고, 이번엔 놓치지 않았습니다. "I want you to know that I appreciate it.(내가 진심으로 고마워하고 있다는 걸 말하고 싶어.)"이라고 말하며 수줍게 내민 손을 Gilbert는 기다렸다는 듯이 덥석 잡습니다. 그리고 오래전 Anne에게 했던 짓궂은 장난과 그로 인해 Anne이 전교생 앞에서 겪었던 수치스러운 벌을 싹 잊게 만들고도 남을 말을 하지요. "We are going to be the best of friends(우린 최고의 친구가 될 거야)", "We were born to be good friends, Anne.(우리는 좋은 친구가 될 운명이었어, 앤.)" 이렇게 두 번씩이나 둘은 정해진 운명이라고 강조합니다. Gilbert 역시 Anne에게 다시는 친구로 지내자는 말을 하지 않겠다고 한 일을 많이 후회하고 있었다는 걸 알 수 있지요.

　진작 서로에게 다가가지 않은 걸 후회하듯이 둘은 물꼬가 터지자마자 그간 나누지 못한 말들을 나누느라 시간이 모자란 듯합니다. "Were we really there half an hour? It seemed just a few minutes.(저희가 정말 30분이나 서 있었어요? 몇 분밖에 안 된 거 같았어요.)"라고 말할 정도입니다. 에이번리 학교와 퀸스에서의 추억을 나눌 수 있을 뿐 아니라, 앞으로도 서로를 의지하고 도울 수 있는 일이 무궁무진한 듯이니까요.

　Anne의 교육에 끼어들지 않겠다는 Marilla와의 약속을 지키느라 늘 한발 물러서 있던 Matthew였지만, Anne에게 용기가 필요할 땐 기꺼이 '끼어들어' 주었죠. 그런 Matthew의 빈자리에 자라나는 꽃은 Gilbert일지도 모른다는 설렘과 함께, 초록 지붕 집의 Anne 이야기는 막을 내립니다.

　앞으로도 Anne의 인생길은 쭉 뻗은 길만 있지 않을 테지요. 하지만 모퉁이를 만날 때마다 Anne은 "I don't know what lies around the bend, but I'm going to believe that the best does.(모퉁이를 돌면 무엇이 있을지 모르지만, 전 가장 좋은 게 있다고 믿을래요.)" 이렇게 자신에게 주어진 삶을 힘차게 마주할 것입니다.

　And the flowers that grown between. (빈자리엔 꽃들이 자라네.)

　Anne이 자신의 곁에 피어나는 새로운 꽃인 Gilbert와 함께 마음껏 아름다운 인생을 펼쳐 가기를 바라며 책장을 덮습니다.

*Write a favorite sentence

_____

_____

원작 *Lucy Maud Montgomery*

캐나다의 작가로, 전 세계적으로 사랑받는 소설 "Anne of Green Gables"로 잘 알려져 있습니다. 몽고메리는 캐나다의 프린스 에드워드 아일랜드 출신으로, 어렸을 때 어머니를 잃고 아버지가 일을 찾아 떠나면서 할아버지와 함께 엄격한 환경에서 자랐습니다.

어려운 어린 시절에도 몽고메리는 상상력과 문학에 대한 애정을 통해 위로를 찾았습니다. 어릴 적부터 글쓰기를 시작하였고, 첫 출판 작품은 지역 신문에 실린 시였습니다. 그녀의 작품은 자연의 아름다움, 우정, 사랑, 가정 생활 등 다양한 주제를 다루며, 특히 소녀들의 성장 과정과 내적 세계를 섬세하게 묘사하는 데서 인기를 얻었습니다. 문체는 따뜻하고 감수성이 풍부하며, 독자들에게 위로와 활력을 줍니다. 그녀의 문학적 유산은 오늘날에도 많은 사랑을 받고 있습니다.

해설 *Liter Stella*

영어 원서 강독가. 수필가.

학교에서 문학 교과서를 받아 오는 날이면 틀어박혀 처음부터 끝까지 읽어야 직성이 풀릴 정도로 문학을 사랑했다. 영어를 알고 나서부터는 문학과 영어 중에 어떤 과목이 더 좋은지 고르는 게 세상에서 가장 힘든 일이었고, 대학에서 두 과목을 합친 영어영문학과를 전공으로 선택하는 건 가장 쉬운 결정이었다.

졸업 후, 성인 영어 회화 강의로 시작해 현대모비스, SK케미칼, 삼성반도체 등에서 비즈니스 영어와 영어 회화 집중 코스 등을 맡았다. 현장 경험이 늘어날수록 영어의 기본기는 '읽기'라는 확신을 더욱 가지게 되었다. 그러던 중 코로나로 대면 강의가 힘들어졌고, 이를 계기로 늘 목말라 있던 읽기 수업을 구상할수 있게 되었다.

영어의 기본기인 읽기를 쉽고 재미있게 소개할 방법은 없을까 고민하던 중, 수업에서 만났던 학생들이 해리포터를 영어 원서로 읽어 보고 싶어서 펼쳤다가 생각보다 어려워서 포기했다고 말했던 것이 떠올랐다. 영어 원서를 혼자 읽는 건 부담스럽지만 도와주는 사람이 있다면 누구나 영문학 작품을 재미있게 읽을 수 있겠다고 생각하고 해리포터 1권의 모든 영어 문장을 함께 읽으며 해설하는 무료 강의를 유튜브에서 시작했다. 기대보다 더 열렬했던 반응에 힘을 얻어 해리포터뿐만 아니라 다른 좋은 영문학 작품들도 소개해야겠다고 마음을 먹고 Literature(문학)과 영어 이름 Stella를 합쳐 영문학 원서 강독 사이트 LiterStella(리터스텔라)를 열었다.

오랜 현장 경험을 통해 어떤 외국어를 배우든 결국엔 개인이 가진 모국어 실력만큼만 이해할 수 있다고 깨닫고 수필가로 등단하여 한국어도 열심히 갈고 닦고 있다. 앞으로는 더 다양한 영문학 작품들은 물론, 영어로 번역된 좋은 한국 문학들도 소개하여 LiterStellar가 다루는 문학 작품과 언어의 폭을 넓혀 갈 예정이다.

ⅹ ÷ ⅹ

영어를 읽는 30일 – 빨강 머리 앤
Read Classics for 30 Days – Anne of Green Gables

초판 발행 · 2024년 5월 10일

해설 · 이지영(리터스텔라)
원작 · Lucy Maud Montgomery

발행인 · 이종원
발행처 · (주)도서출판 길벗
브랜드 · 길벗이지톡
출판사 등록일 · 1990년 12월 24일
주소 · 서울시 마포구 월드컵로 10길 56 (서교동)
대표 전화 · 02) 332-0931 | 팩스 · 02) 323-0586
홈페이지 · www.gilbut.co.kr | 이메일 · eztok@ gilbut.co.kr

기획 및 책임 편집 · 김지영(jiy7409@gilbut.co.kr), 김대훈
디자인 · 최주연 | 제작 · 이준호, 손일순, 이진혁
마케팅 · 이수미, 장봉석, 최소영
유통혁신 · 한준희 | 영업관리 · 김명자, 심선숙
독자지원 · 윤정아 | 편집진행 및 교정 · 안현진
전산편집 · 기본기획 | 일러스트 · 장선영
CTP 출력 및 인쇄 · 영림인쇄 | 제본 · 영림인쇄

ISBN 979-11-407-0893-2(03740) (길벗 도서번호 301171)
정가 19,800원

ⓒ 이지영(리터스텔라), 2024